ERLANGEN
Rainer Windhorst
5 bis 6

Palm und Enke,
Verlag, seit 1815.

Editorial

Die 25. Stunde

Es ist die Zeit, in der sich Erlangen sortiert. Die Stadt richtet sich her, macht sich zurecht. Früh um 5 wird die kleine Welt in Ordnung gebracht. Das hält bis die Sonne untergeht und an einigen Orten bis in die Nacht. Zwischen 5 und 6 sind die Besitzverhältnisse der Stadt klar verteilt. Die Straßen gehören den Saubermachern, die Briefkästen den Zeitungszustellern, die Altäre den Geistlichen. Man sollte glauben, dass die Zeit zwischen Schlafen und Aufwachen nur dazu da ist, den Tag vorzubereiten. Eine verborgene 25. Stunde, ein zeitliches Gleis 9 ¾ …

Rainer Windhorst ist mit den Dämmerungsmenschen aufgestanden und hat sie ein Jahr, einen Monat, eine Woche und einen Tag lang begleitet. Dabei zeigt sich, dass der Sehrfrühmorgen eine eigene Tageszeit ist. Nicht verwandt mit der Spätnacht oder gar dem Tagesanfang. Es ist eine Zwischenzeit mit eigenen Ritualen. Die Menschen sind in sich gekehrter, scheinen mehr bei sich zu sein als im Alltag. Sie sind immer zur gleichen Zeit am gleichen Ort. Mal ist es hell, mal schummrig, mal dunkel. Mal warm und voller Energie. Oft kühl und kalt, nass und nur wenig einladend. Aber immer zwischen 5 und 6.

Es sind beileibe nicht wenige, die da unterwegs sind. Der Begriff der „wie ausgestorbenen" Stadt wird nur von jenen benutzt, die noch nie so früh auf den Beinen waren. Wer würde die Kranken versorgen, die Brötchen ausliefern, den Truck wieder auf die Bahn bringen, im 24-Stunden-Fitnessstudio nach den Unermüdlichen sehen? Viele stehen für diese Zeit sehr früh auf und müssen bis lange in den Tag hinein arbeiten. Andere gehen gar nicht erst ins Bett oder dösen ein wenig bis das Smartphone rappelt. Wenn sie später – dann, wenn die Brötchen im Ofen oder die Patienten bis zum Mittagessen versorgt sind – nicht ins Bett gehen können, müssen sie sich einreihen in die Tagschicht. Zwei Leben an einem Tag. Es gibt nicht nur eine Arbeitswelt, es gibt dazu auch mindestens ein Parallel-Universum, in dem es zwar Tarifverträge gibt, aber eben auch zu viele Krankenstände oder zu wenige Kollegen. Oder keine Tarifverträge, dafür aber viele Kunden, die zum Beispiel frisches Gemüse vom Großmarkt (4 Uhr) auch noch nach Feierabend kaufen möchten (17.30 Uhr).

Es ist gut, dass Rainer Windhorst nicht versucht hat, die Menschen des Sehrfrühmorgens zu inszenieren. Auch wenn morgendliche Melancholie, dem Abendtermin geschuldete Müdigkeit oder ganz einfach der ungewohnte Rhythmus dem Fotografen genug Anlass dafür gegeben hätten. Nein, nicht selten haben die Bilder den Anschein, als wäre Windhorst einer von ihnen gewesen, als er den Auslöser drückte. Ein 5 bis 6-Mensch. Im Gefühl verfangen, dass an jedem Tag erst einmal die „Zeit umgestellt" wird. Seltsam und faszinierend zeitlos. Ein bisschen weiche Knie, ein bisschen Flattern vom schnellen Kaffee, ein bisschen Orientierung suchend im ungewohnten Habitat. Manchmal hat ihn eine Redakteurin begleitet, um ein bisschen Morgenluft zu twittern.

Frühaufsteher mögen es vermessen finden, über diese Zeit derart zu schwadronieren. Dem Autor dieser Zeilen ist es aber ebenso wie dem Fotografen dieses Buches ziemlich fremd, zu sprichwörtlich nachtschlafender Zeit ernsthaft und wirksam am Leben teilzunehmen. Es scheint uns viel normaler zu sein, spätabends noch auf Gedanken zu kommen und sie frühmorgens in Traumfetzen zu verräumen, als in der Dämmerung wirklich präsent zu sein. Und: Frühaufsteher zu sein, heißt noch lange nicht, im morgendlichen Erlangen sichtbar zu werden. Im Übrigen hat Rainer Windhorst auch Menschen daheim besucht, die sich dem Maunzen der kranken Katze beugen oder ganz einfach ihr eigenes Tagwerk gerne in der Nacht beginnen.

Als Betrachter dieses Buches sind Sie in einer komfortablen Lage. Dank des unverstellten, ehrlichen Blicks, den Rainer Windhorst auf die Sehrfrühmenschen Erlangens wirft, können Sie viel von der 25. Stunde des Tages spüren – ohne dafür mitten in der Nacht aufstehen zu müssen. Das macht den ungeheuren Reiz der Fotos aus: Man kann durch sie Teil eines Tagesabschnittes werden, den man sonst nie zu Gesicht bekommen würde. Eine Stunde voller Menschen und Bilder, die ohne den „frühen Vogel" Windhorst in einem für Normalschläfer mysteriösen Zeitloch verschwinden würde.

Nur eines können die Fotografien nicht: Den magischen Moment ersetzen, Erlangen zwischen 5 und 6 selbst zu erleben. Selbst Besitz zu ergreifen von einer Stadt, die am Tag vielleicht oft verschlafener wirkt als es das frühmorgendliche Sortieren vermuten lassen mag. Erlangen schläft nie, einer ist immer wach.

Ralf Birke
Verlag Palm und Enke

Für
Herbert Windhorst

MO 5:11 | **2. Juni 2014**
Ebrardstraße
Frank Koch, Zeitungszusteller

3. Juni 2014 | DI
Waldkrankenhaus St. Marien | 5:27
Schwester Anna, Nonne

MI | 4. Juni 2014
5:34 | Großmarkt Nürnberg
         | Gerhard Marburger, Obst- und Gemüsehändler

DO | 5. Juni 2014
5:16 | Truck-Stop Tennenlohe
         | Raimund Gurski, Berufskraftfahrer

MI 5:10 | **11. Juni 2014**
An den Kellern
Martina Deusel, Roadie

23. Juni 2014
Marktplatz
Uwe Fees, Marktverkäufer

MO
5:23

DI | 24. Juni 2014
5:21 | Artilleriestraße
Alexander Gofstein, Nachtwächter

29. Juni 2014
Sebastianstraße, Tennenlohe
Florian Wendler, Landwirt

SO
5:24

5. Juli 2014 | **SA**
Bohlenplatz | **5:36**
Bernd und Monika Görzig, Flohmarkt-Leiter

6. Juli 2014 | **SO**
Schlossgarten | **5:20**
Herbert Ertel, freiwilliger Helfer

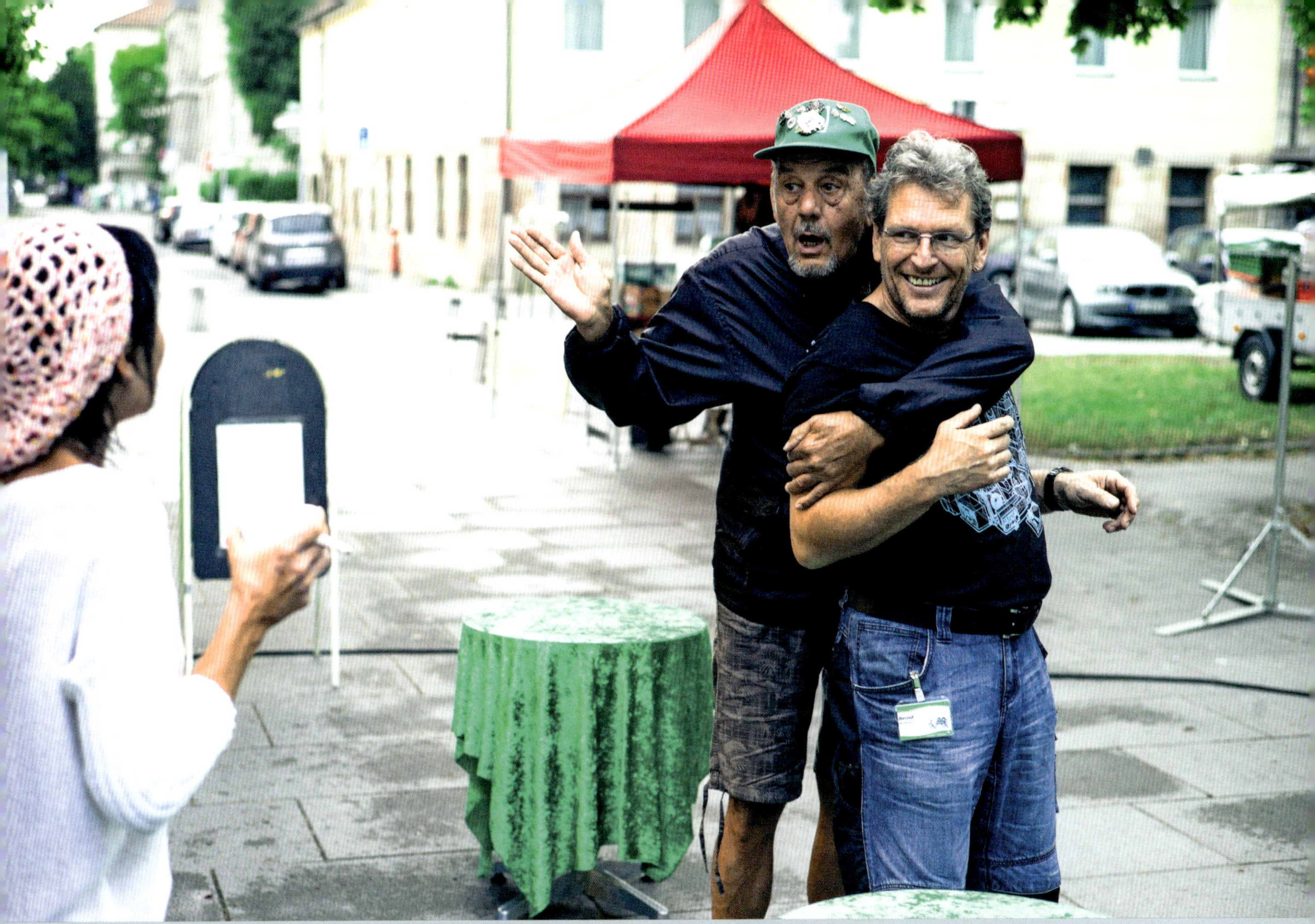

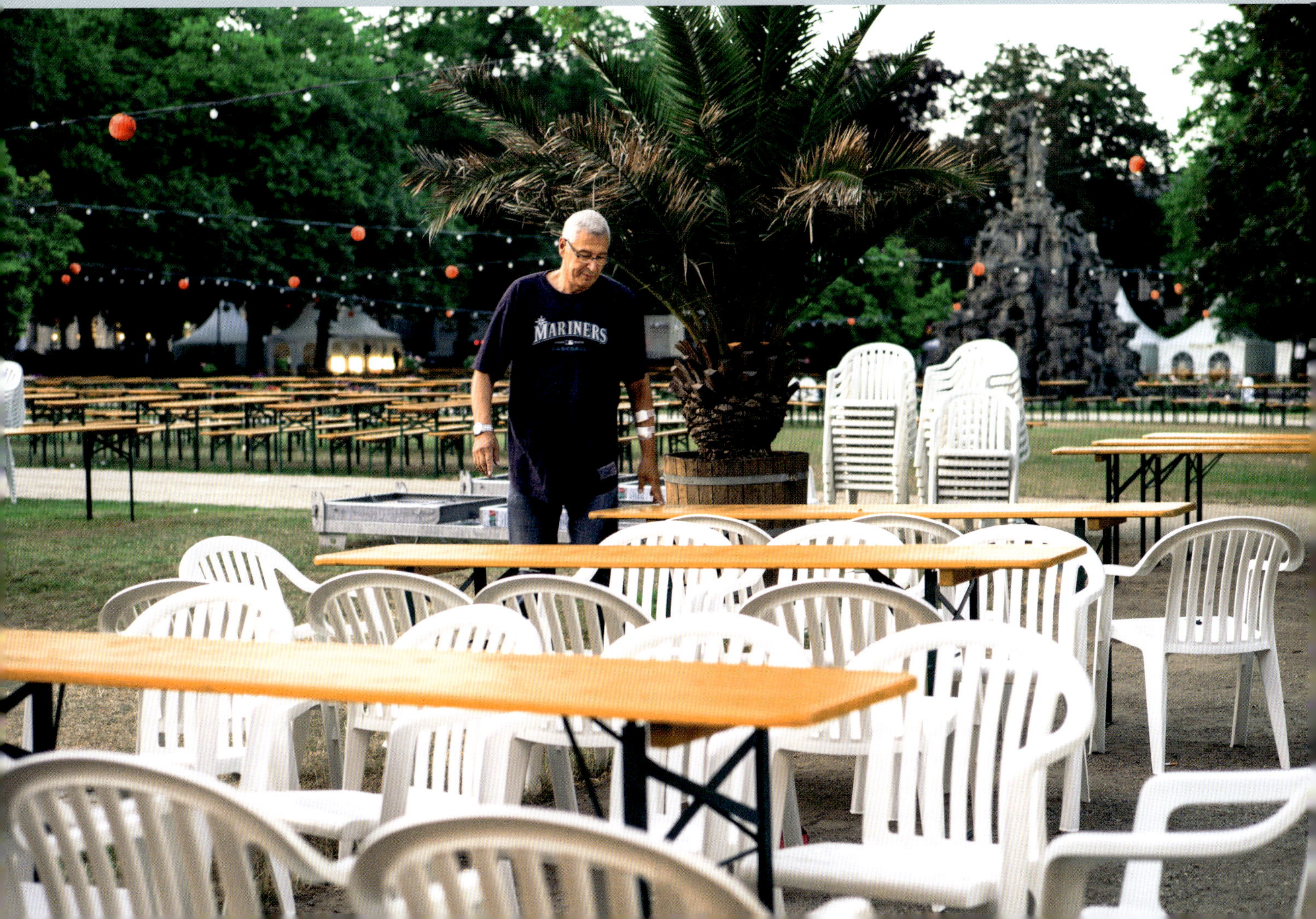
MARINERS

MO 5:50 | 7. Juli 2014
Bohlenplatz
Andrea Eberlein, Bäckerei-Fachverkäuferin

11. Juli 2014
Schlossplatz
Mehmet Tahan, Wachmann

FR
5:44

DO 5:30 | **17. Juli 2014**
Neustädter Kirchenplatz
Mario LoGiodice, Stadtreiniger

19. Juli 2014
Hauptstraße
Cemil Bagdatli, Koch

SA 5:25

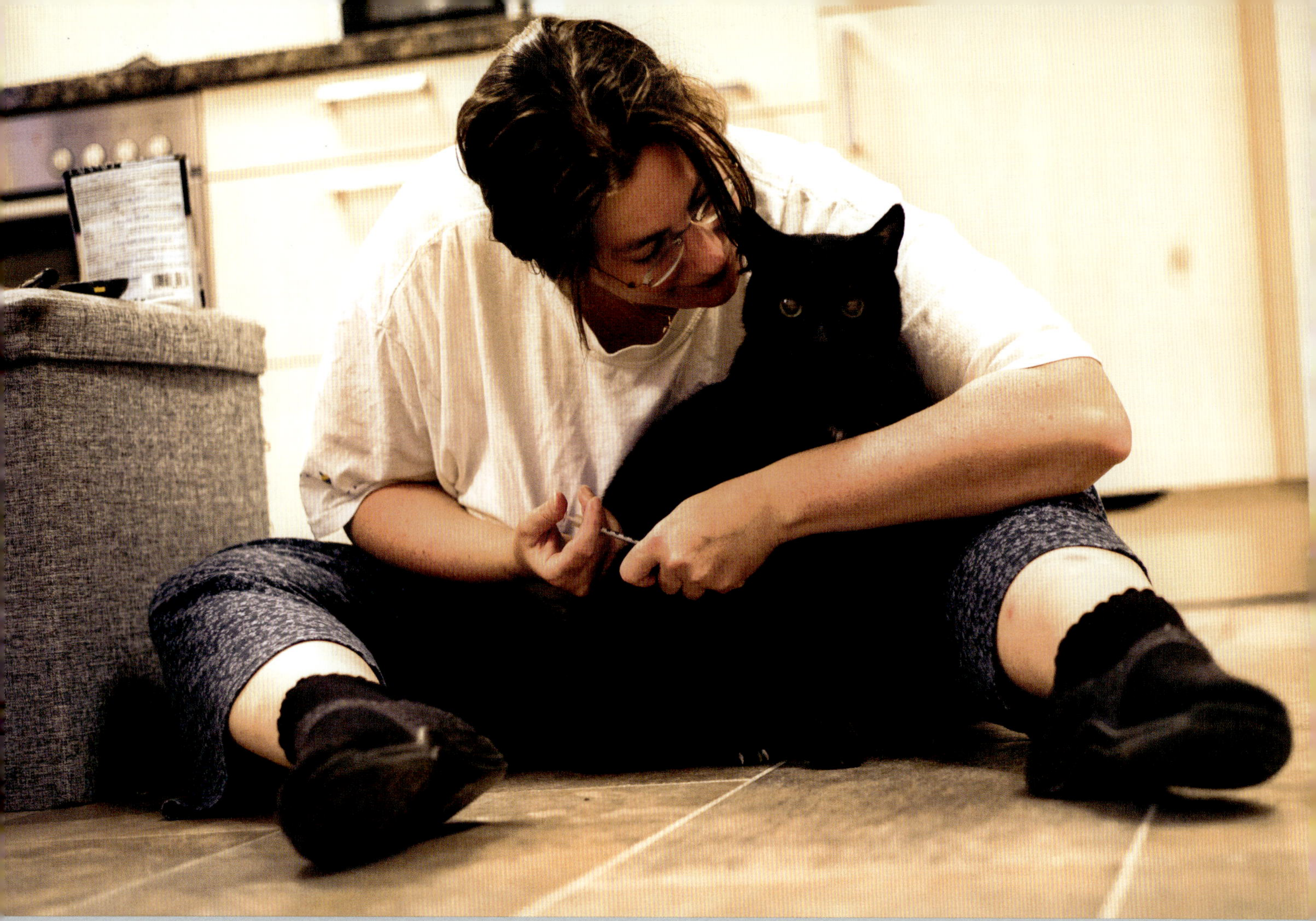

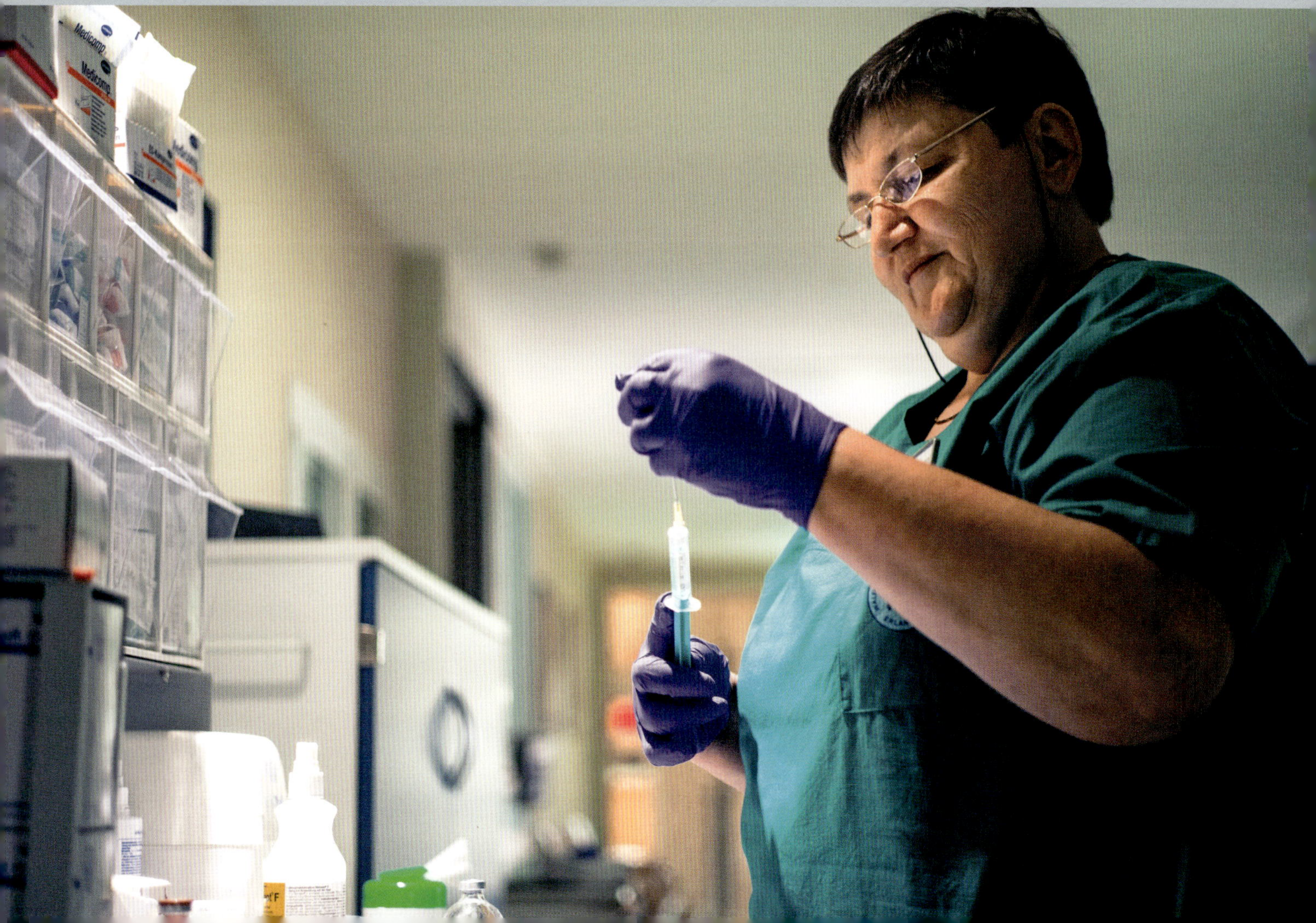
Medicomp

DI | 22. Juli 2014
5:34 | Helmut-Lederer-Straße
Angela Döbler, Katzenfreundin

DI | 29. Juli 2014
5:09 | Waldkrankenhaus St. Marien
Hildegard Fritsch, Krankenschwester

MI 5:03 | 30. Juli 2014
Schallershofer Straße
Max Trapper, Nachwuchsbäcker

31. Juli 2014
Hugenottenplatz
Oktay Karadag, Taxifahrer

DO
5:56

SO
5:46 | **3. August 2014**
Europakanal
Arnold Graef, freiwilliger Helfer

6. August 2014
Dorfstraße
Jörg Güthlein, Metzgermeister

MI
5:45

9. August 2014 | **SA**
Waldgrundstück bei Adelsdorf | **5:45**
Jochen Kämpf, Jäger

10. September 2014 | **MI**
Marie-Curie-Straße | **5:15**
Dieter Ulm, Bau-Ingenieur

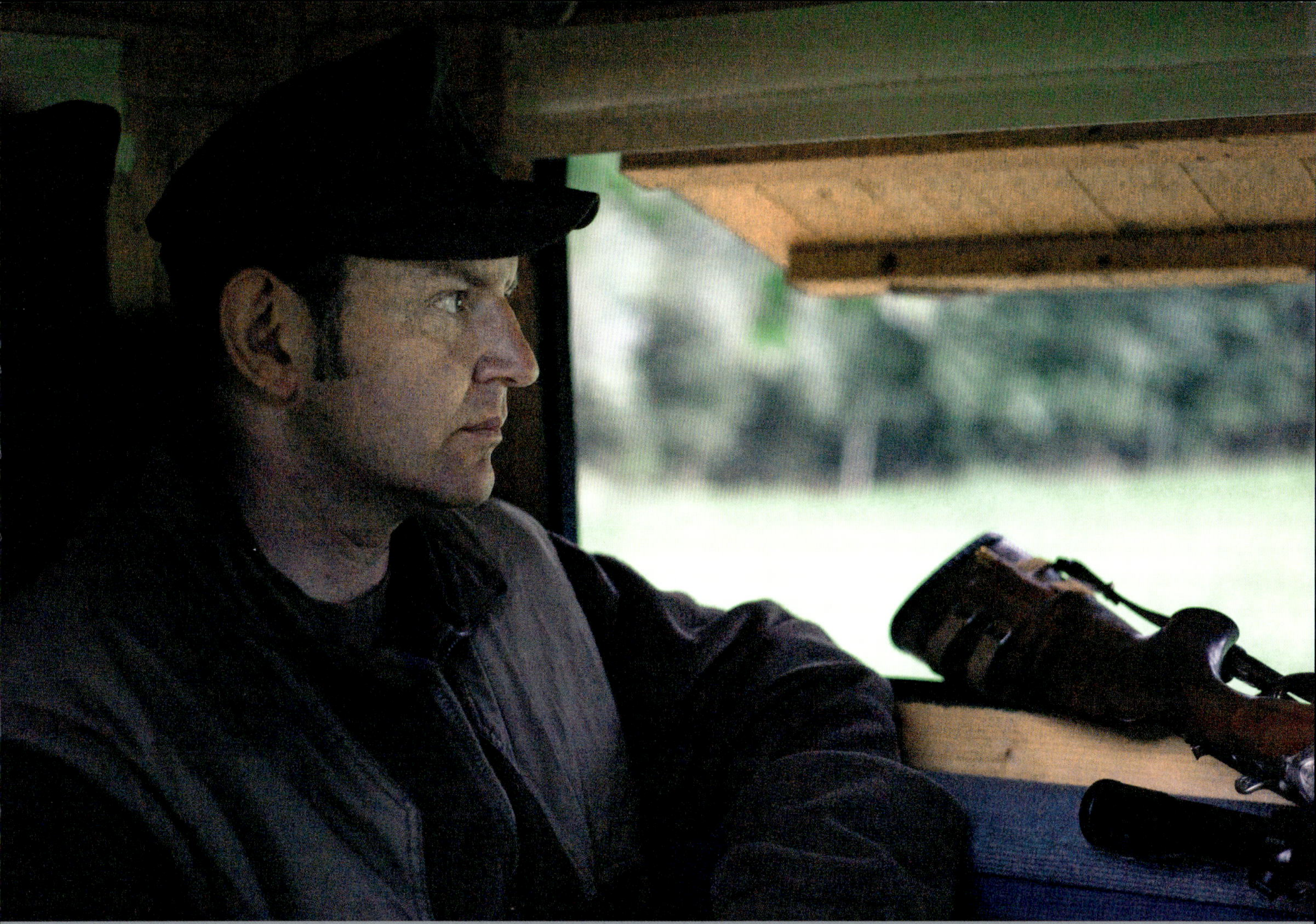

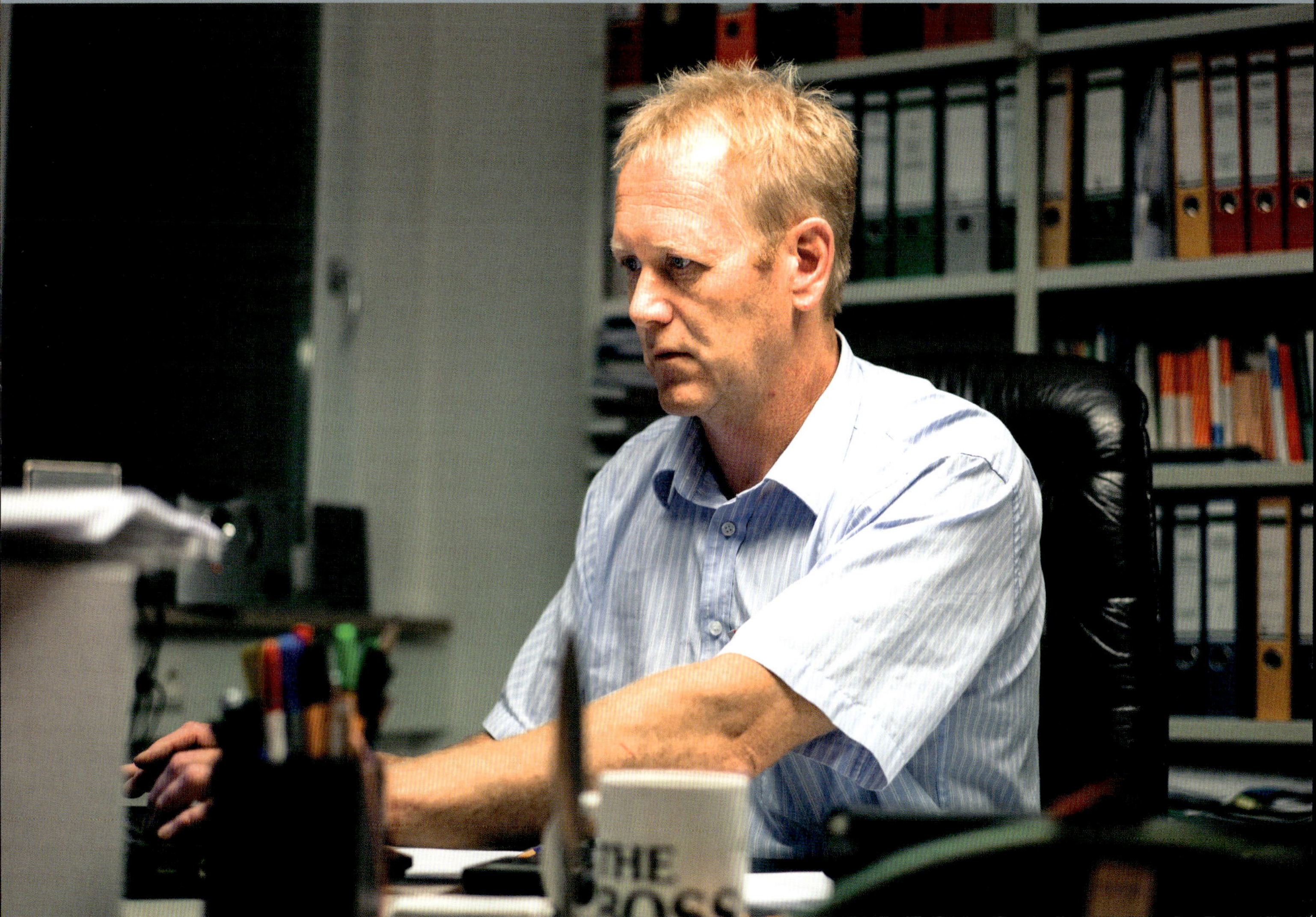
THE

DO | **11. September 2014**
5:50 | Siemensstraße, Forchheim
Fritz Feiler, Polier

12. September 2014
Wasserwerkstraße
Willibald Igel, Wasserversorger

**FR
5:50**

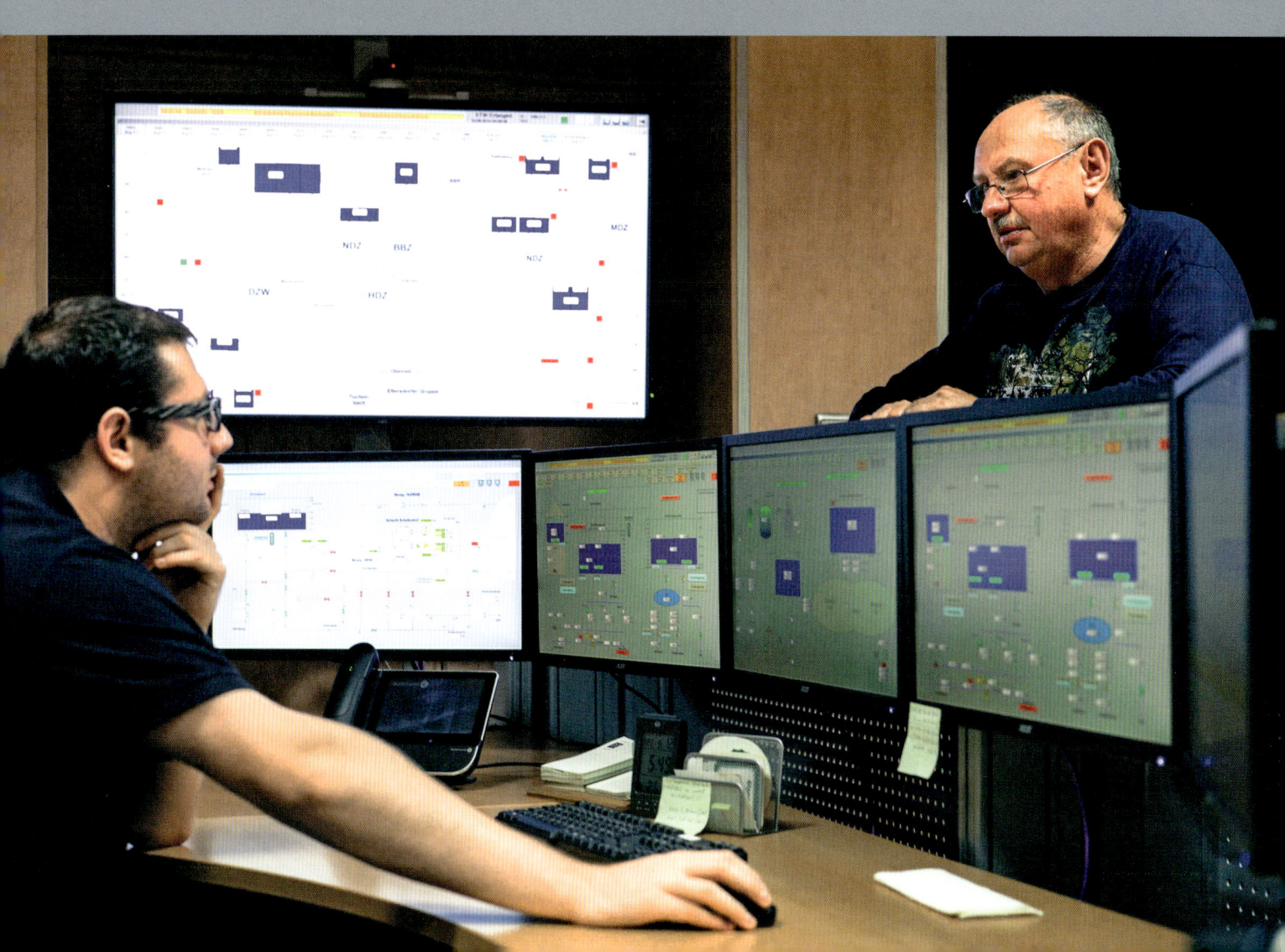

FR 5:33 | **19. September 2014**
Schuhstraße
Frank Lehner, Hausmeister

20. September 2014
Martin-Luther-Platz
Alexander Jordan, Gastronom

SA
5:06

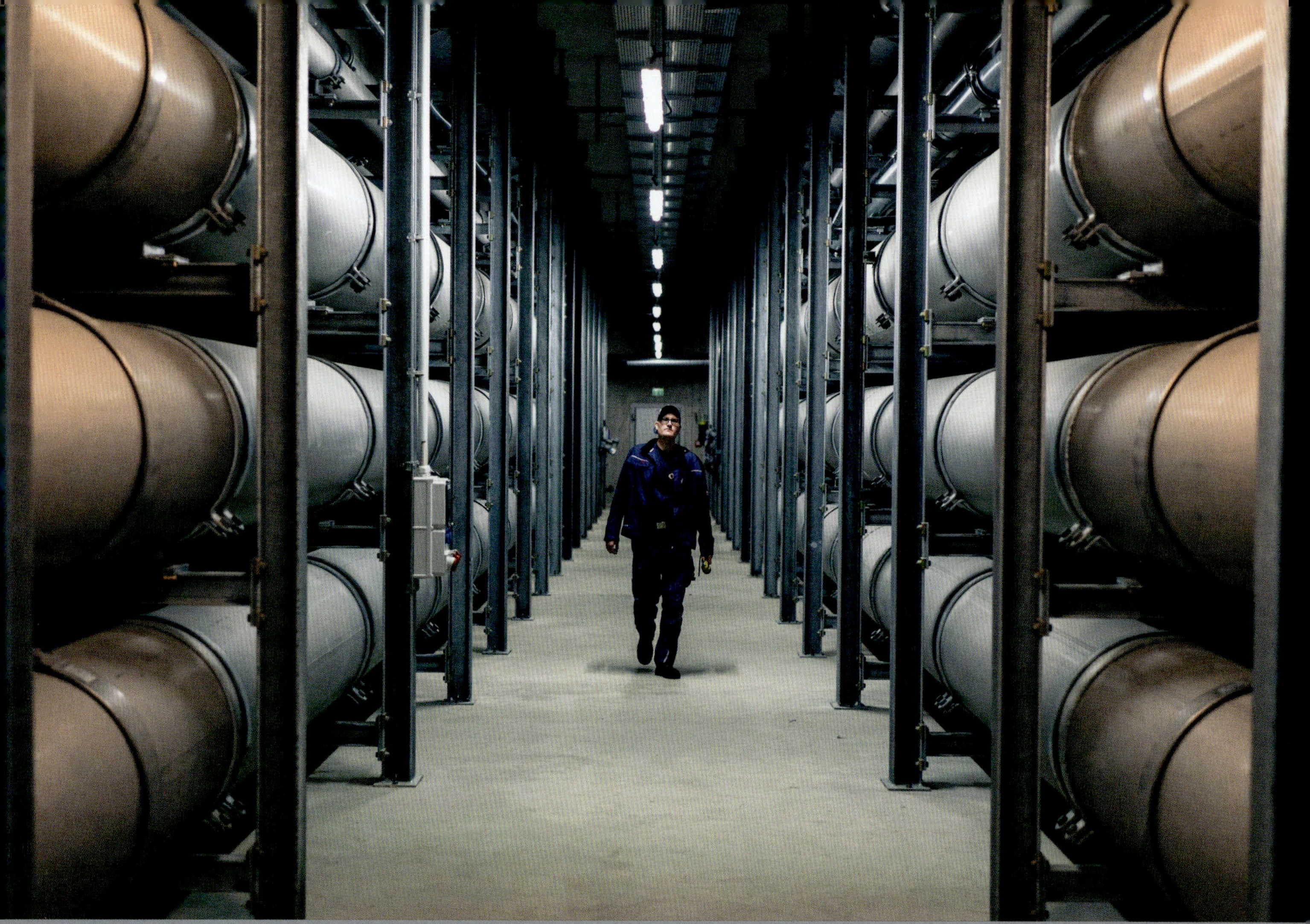

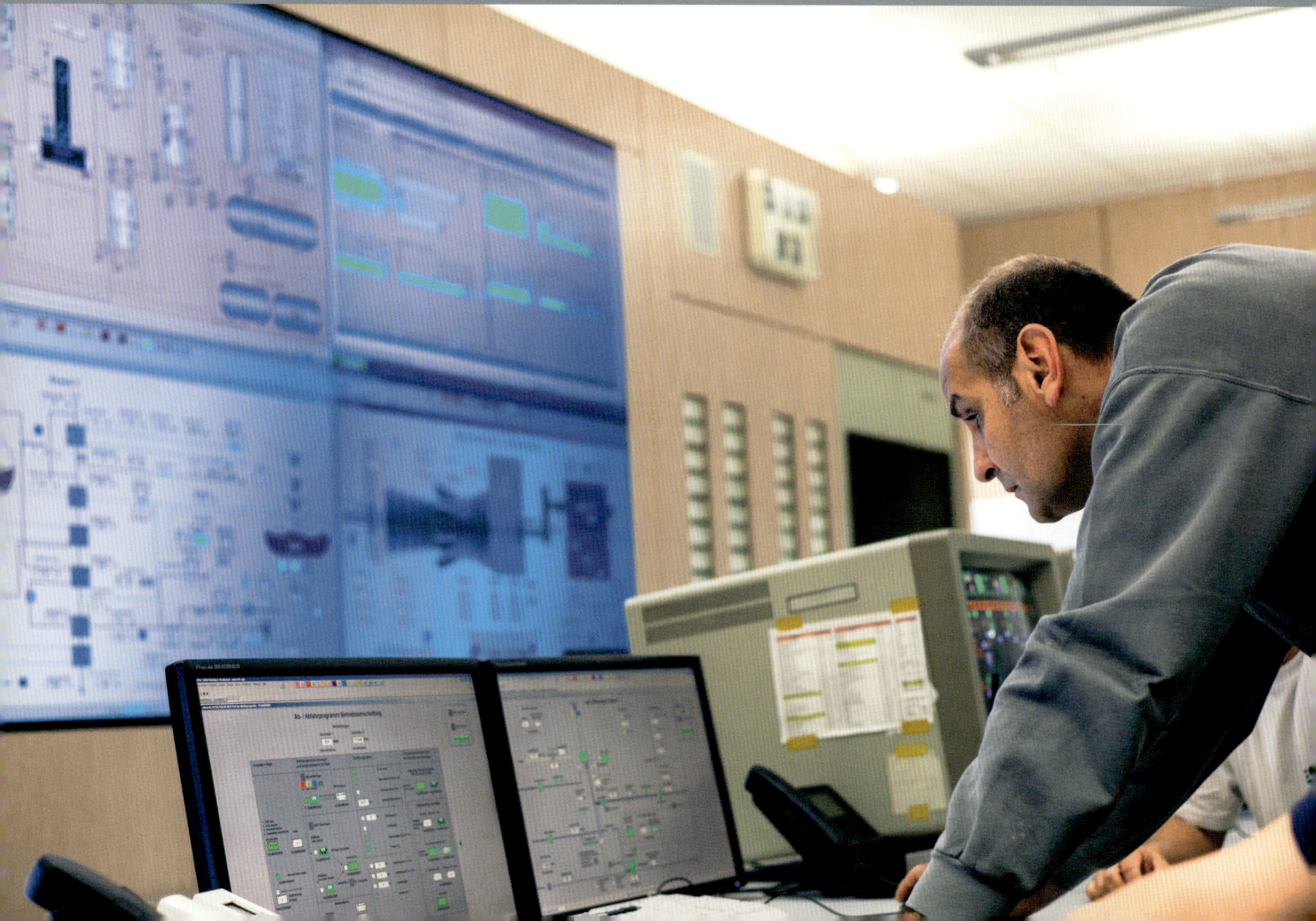

MO | 22. September 2014
5:08 | Bayreuther Straße
         | Sebastian Otzelberger, Klärwerkstechniker

FR | 26. September 2014
5:45 | Spinnereistraße
         | Reimund Wadl, Schichtleiter

FR 5:19 | 3. Oktober 2014
Fuchsenwiese, E-Werk
Marie Tusche, Abendverantwortliche

6. Oktober 2014
Paul-Gossen-Straße
Benny Baten, Fahrer

**MO
5:34**

SO 5:19 | 12. Oktober 2014
Stinzingstraße
Heiko Beyer, Fotograf

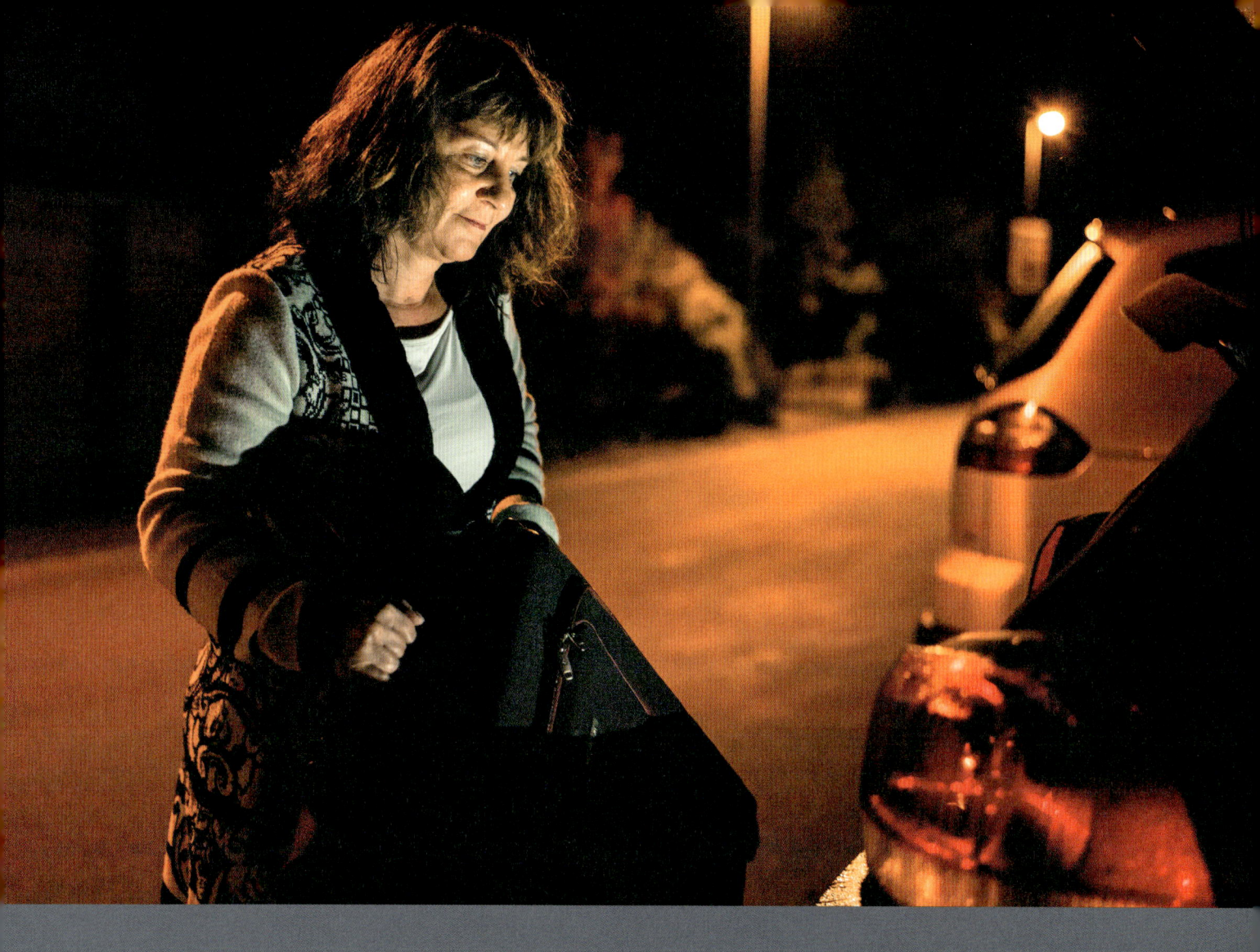

13. Oktober 2014
Amselweg, Möhrendorf
Martina Stamm-Fibich, Bundestagsabgeordnete

MO
5:46

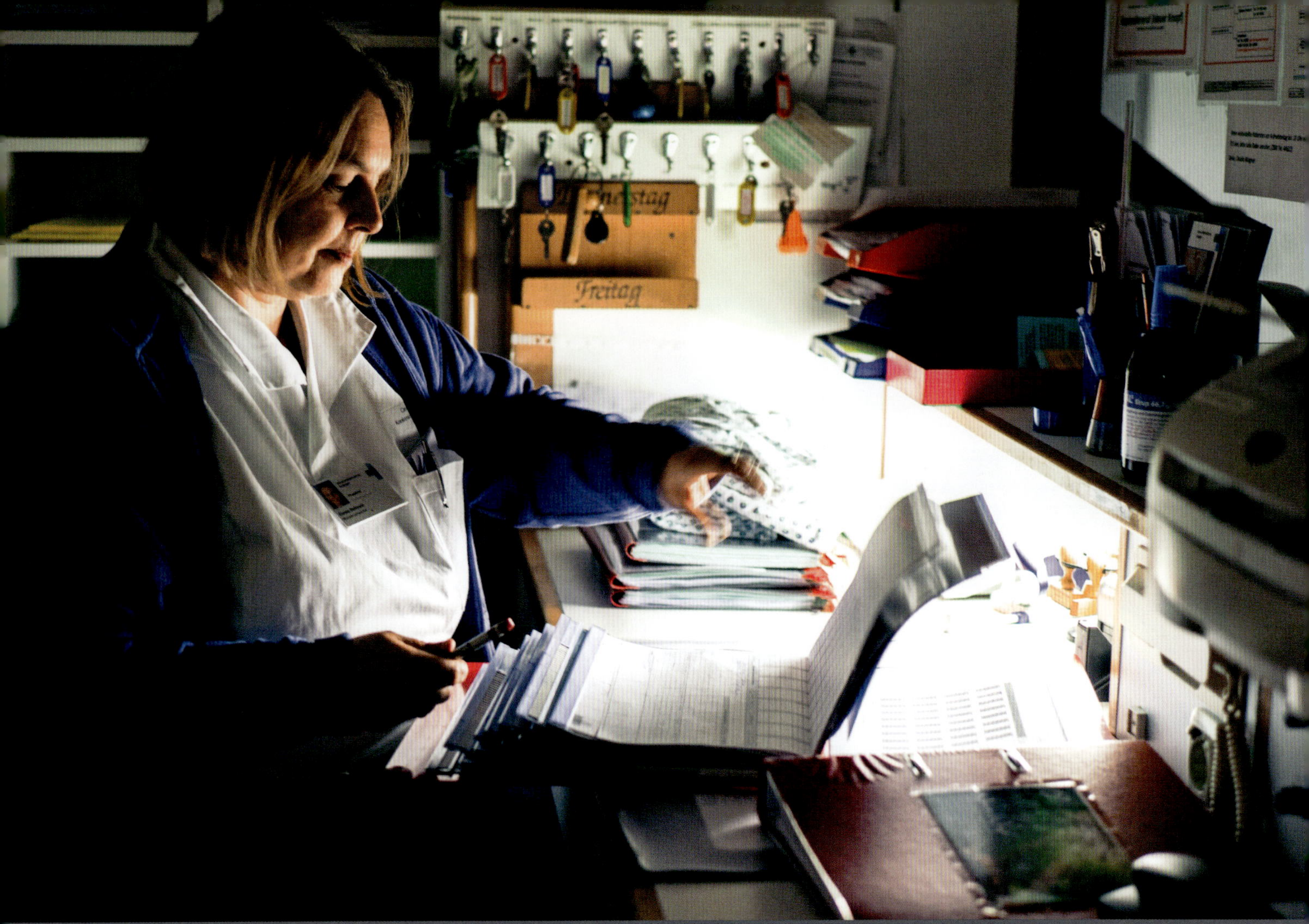
Freitag

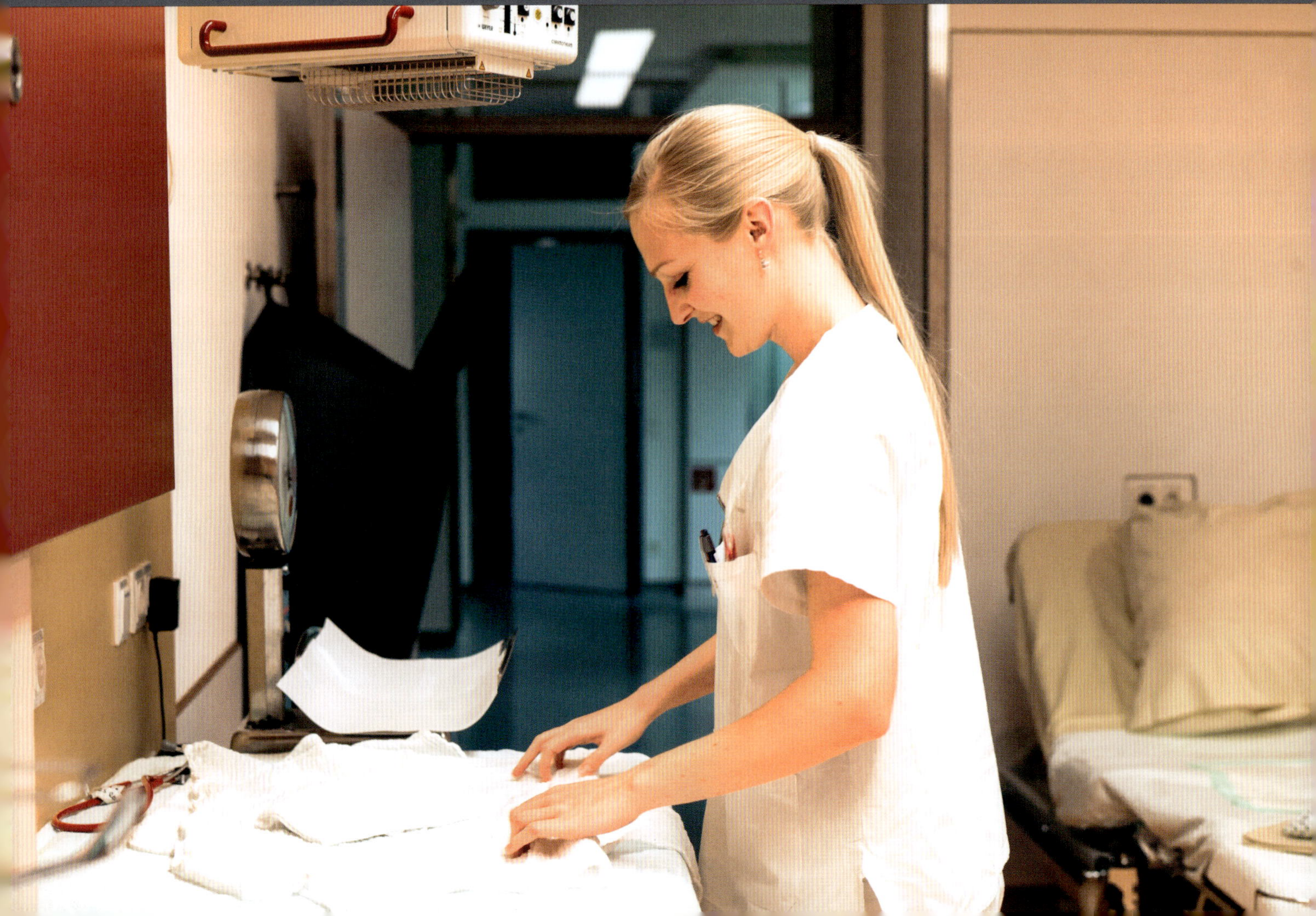

MO
5:33 | **20. Oktober 2014**
Schwabachanlage, Kopfklinik
Carola Hofmann, Krankenschwester

MI
5:18 | **22. Oktober 2014**
Universitätsstraße
Sabine Schmidt, Hebamme

SA
5:53

1. November 2014
Artilleriestraße
Yvonne Wernet, Frühsportlerin

5. November 2014
Goethestraße
Karin Grune, Kellnerin und Köchin

MI
5:32

DI
5:11
| 11. November 2014
Hauptbahnhof
Markus Friedrich, Pendler

15. November 2015　| SA
Vierzigmannstraße　　5:39
Jürgen Brunner, Metzgermeister

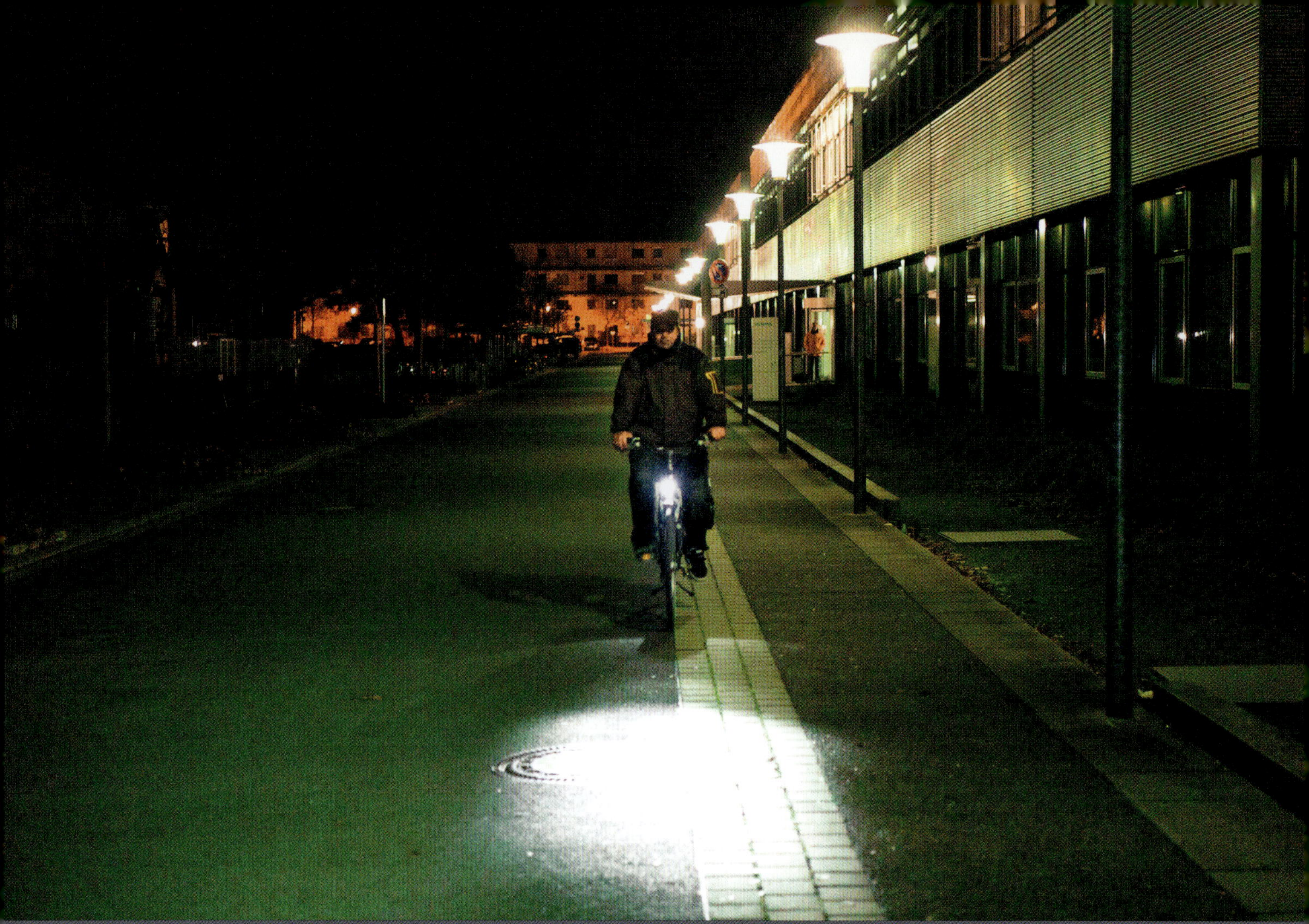

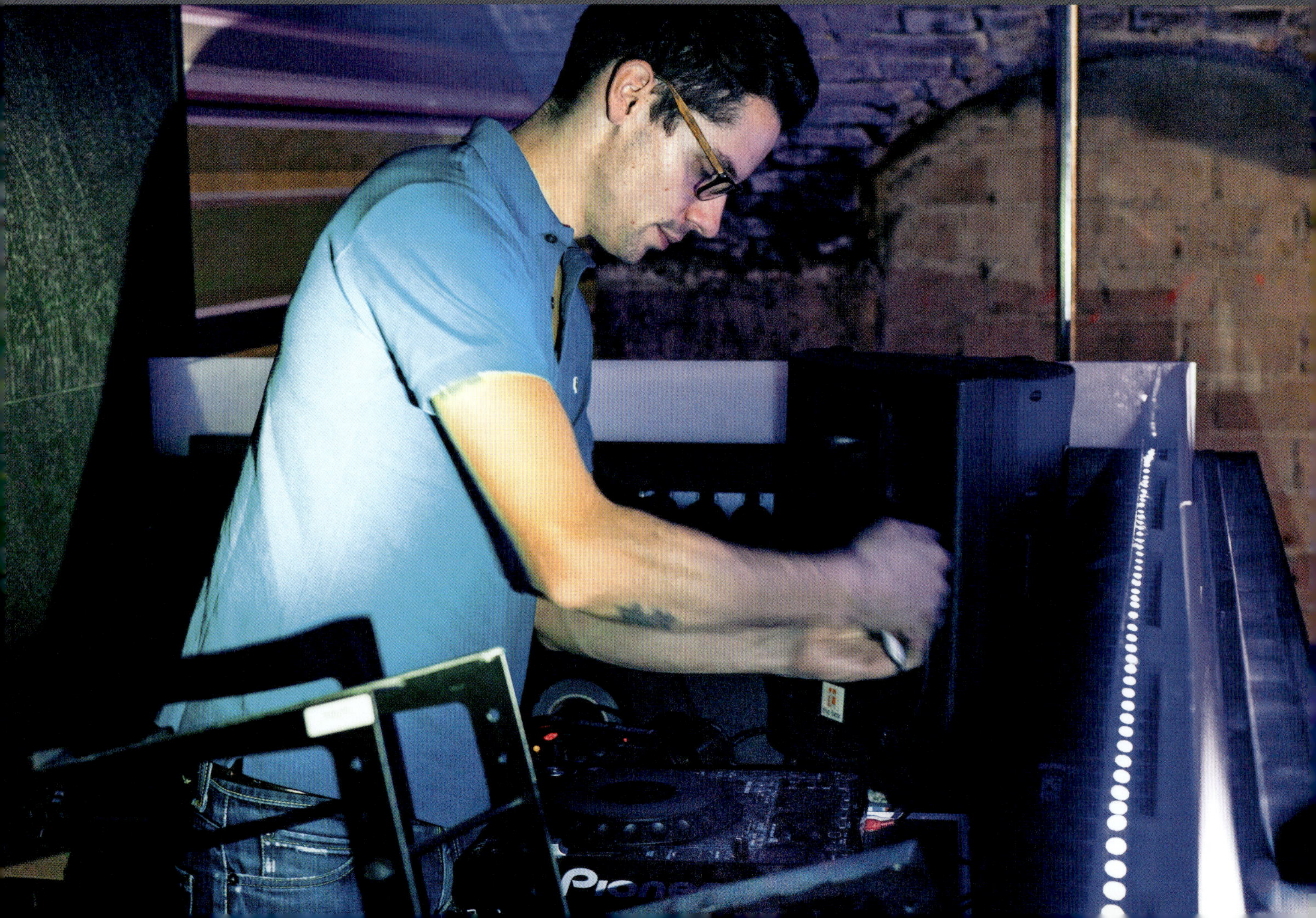

DI
5:40 | **18. November 2014**
Allee am Röthelheimpark
Andreas Vogel, Siemens-Mitarbeiter

SA
5:04 | **29. November 2014**
Hauptstraße
Karl Mühlrath, DJ

DI 5:06 | **2. Dezember 2014**
Stinzingstraße
Helmut Schobert, Stadtreiniger

9. Dezember 2014
Spardorfer Straße
Michael Bräuer, Hausmeister

DI 5:58

MI 5:55
10. Dezember 2014
Bohlenplatz
Ute Mendyk, Apothekerin

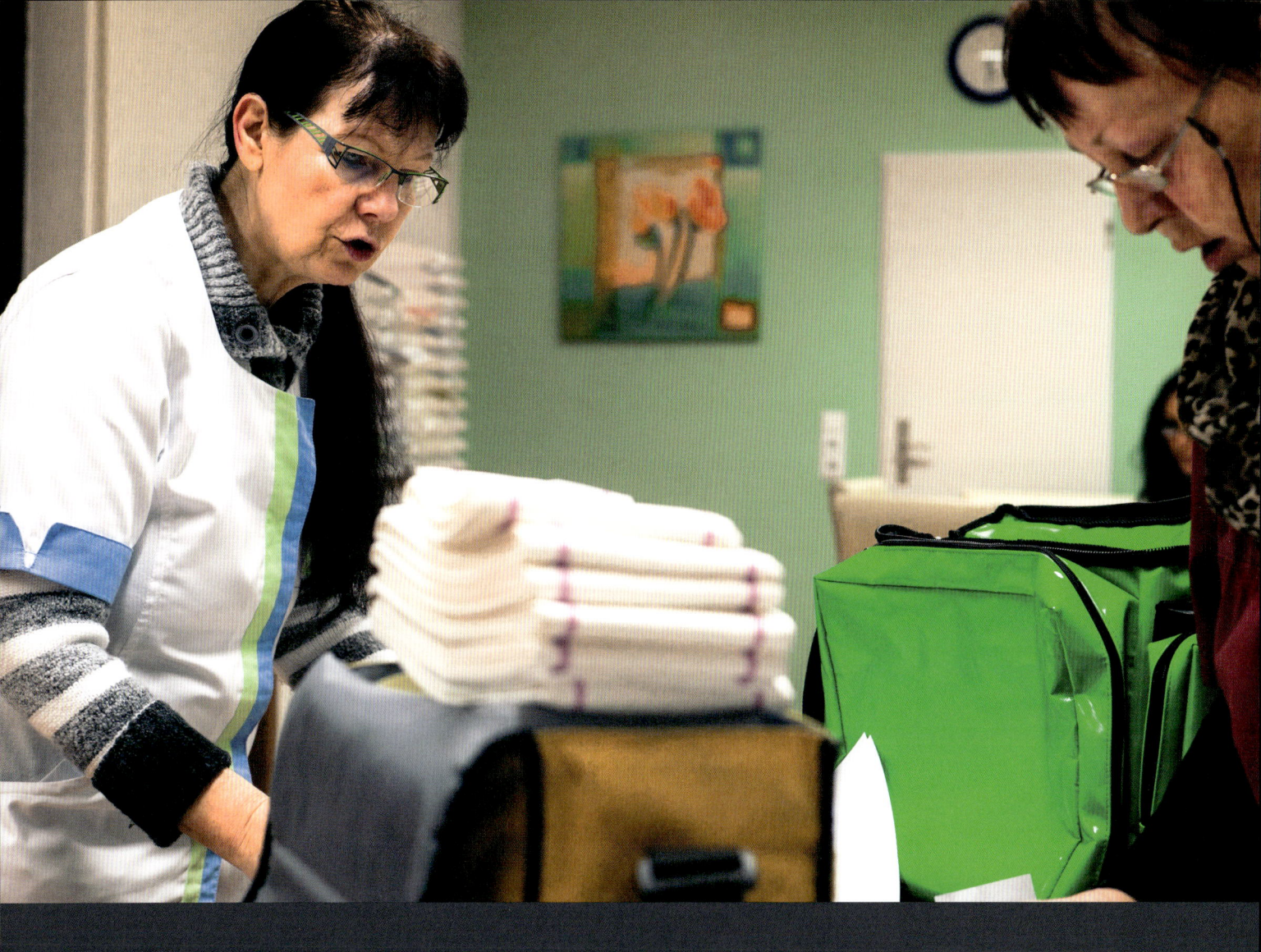

11. Dezember 2014
Holzgartenstraße
Annemarie Lis, Altenpflegerin

DO
5:40

20. Dezember 2014 | **SA**
Frauenauracher Straße | **5:38**
Ilona Hübschmann, Berufskraftfahrerin

21. Dezember 2014 | **SO**
Flughafenstraße, Nürnberg | **5:01**
Thorsten Weber, DJ

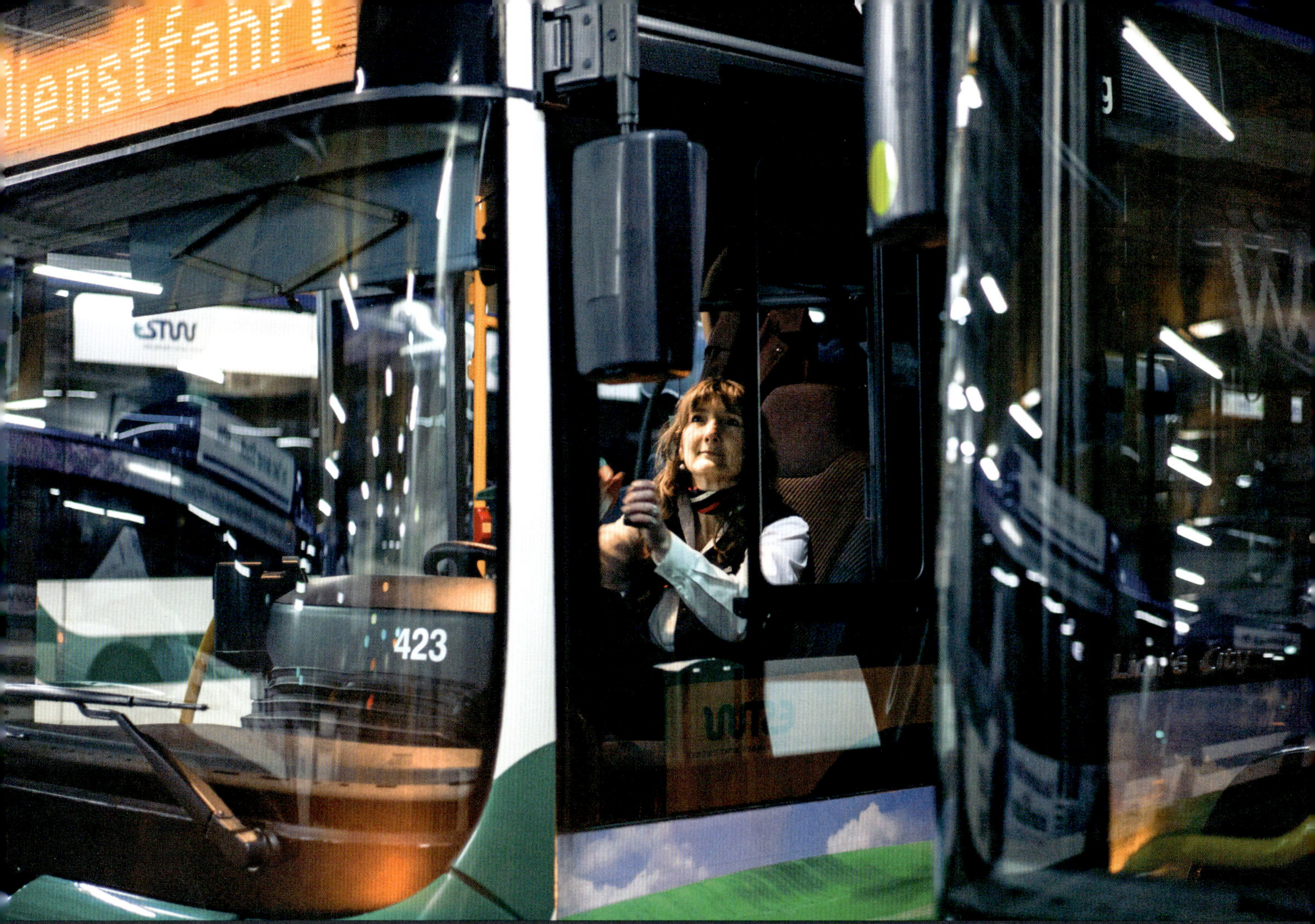
423

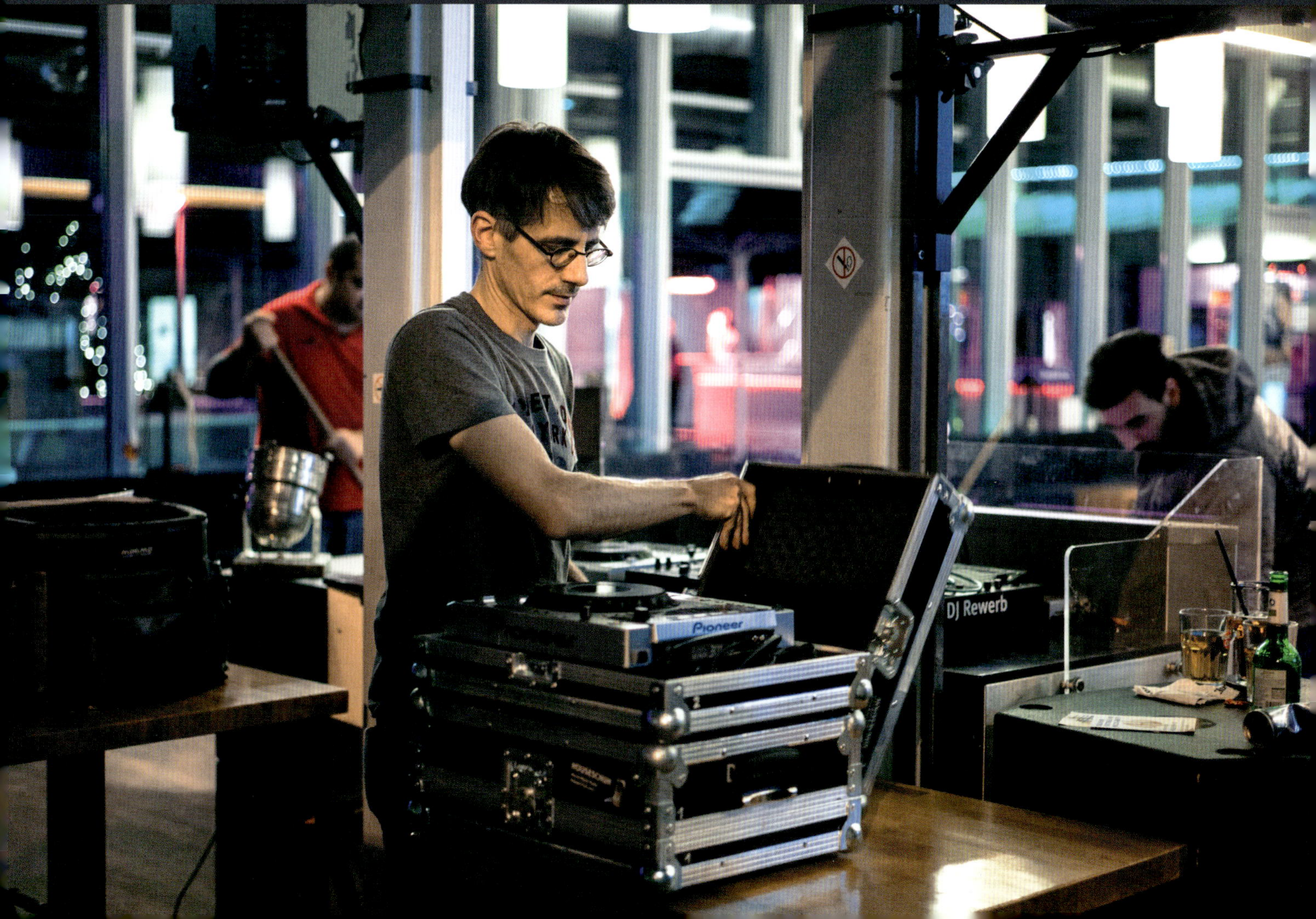
Pioneer
DJ Rewerb

DI 5:34 | 23. Dezember 2014
Waldkrankenhaus St. Marien
Jürgen Loos, Mitarbeiter der Information

31. Dezember 2014
Paul-Gossen-Straße
Peter Petsch, Vorarbeiter im Winterdienst

MI
5:13

DI
5:25 | **6. Januar 2015**
Ulmenweg
Andreas Neumeier, Krankenpfleger

13. Januar 2015
Universitätsstraße
Lothar Schwarz, OP-Pfleger

DI
5:37

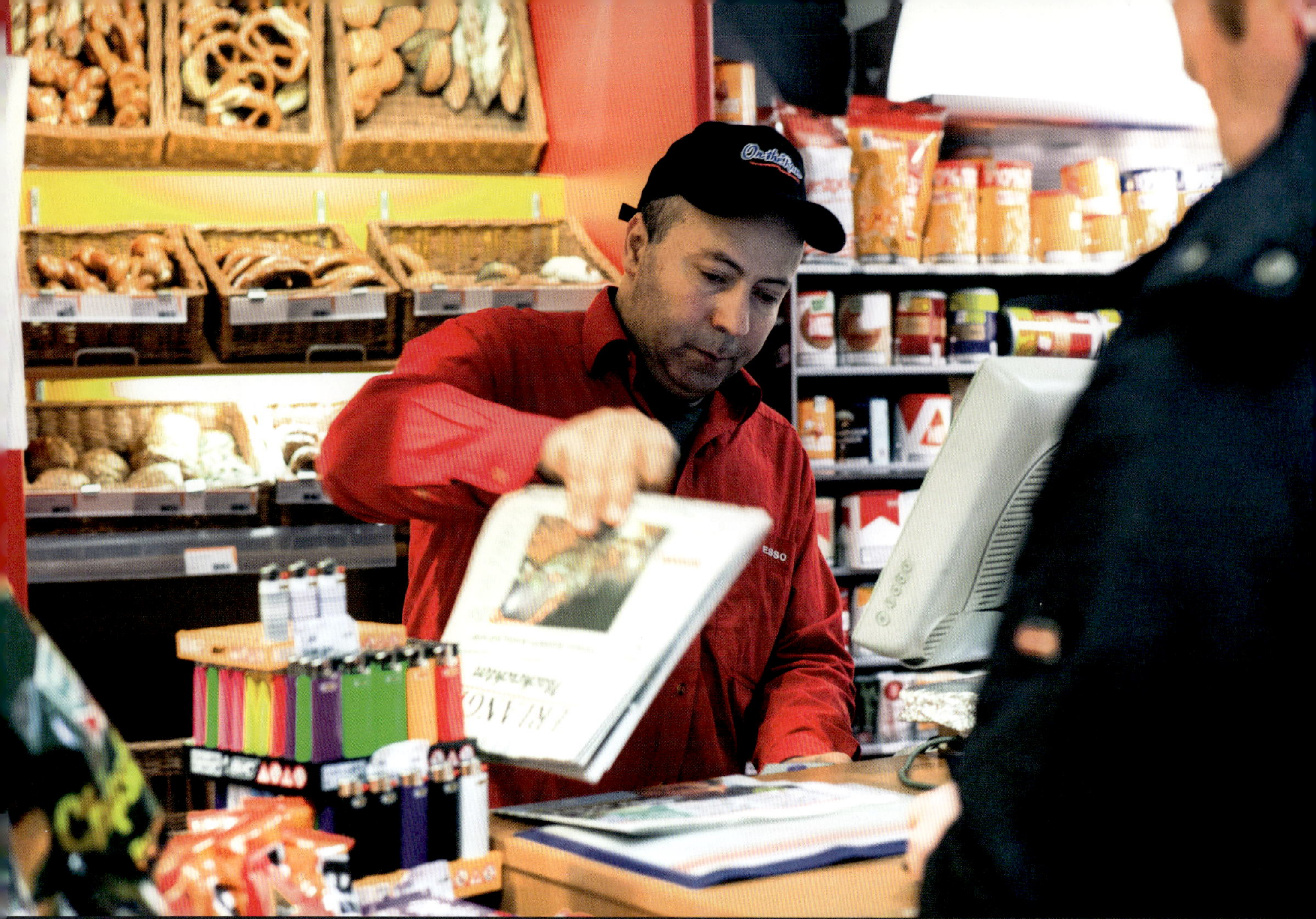

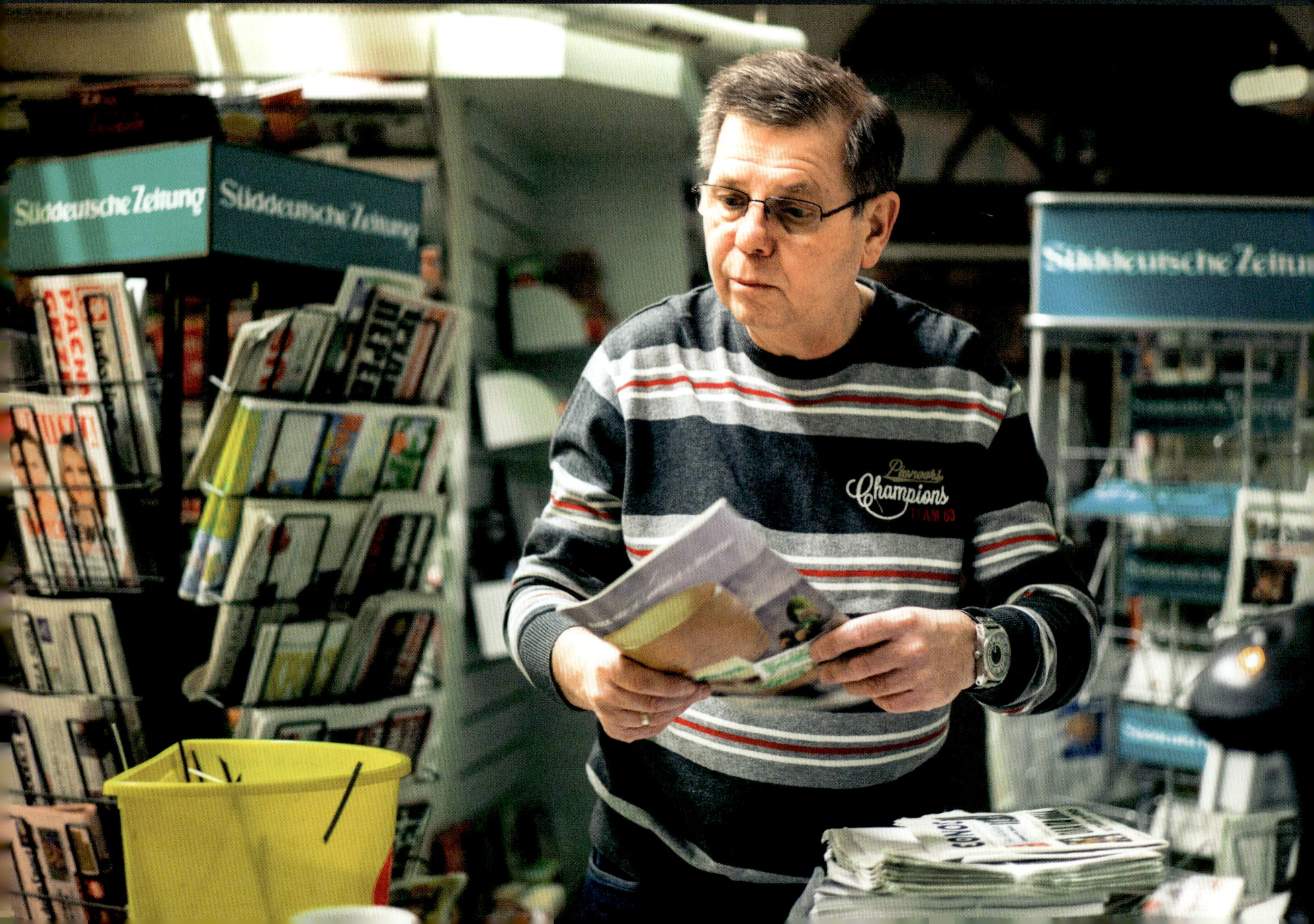
Süddeutsche Zeitung
Süddeutsche Zeitung
Champions

DO
5:24 | **15. Januar 2015**
Gebbertstraße
Hichem Saffar, Angestellter

SA
5:18 | **17. Januar 2015**
Hauptbahnhof
Jürgen Schlosser, Angestellter

DO
5:43 | **22. Januar 2015**
Weiße Herzstraße
Mandy Opitz, Altenpflegerin

28. Januar 2015
Frauenauracher Straße
Jolanta Sentürk, Siemens-Mitarbeiterin

MI
5:29

SO 5:37 | 8. Februar 2015
Münchener Straße
Claus Pannecke, Eventorganisator

10. Februar 2015
Innere Brucker Straße
Werner Krell, Fachlehrer

DI
5:51

16. Februar 2015
Gundstraße
Michael Schmoock, Lehrrettungsassistent | **MO
5:43**

21. Februar
Flughafenstraße, Nürnberg
Michael Gläßel, Terminal-Manager | **SA
5:53**

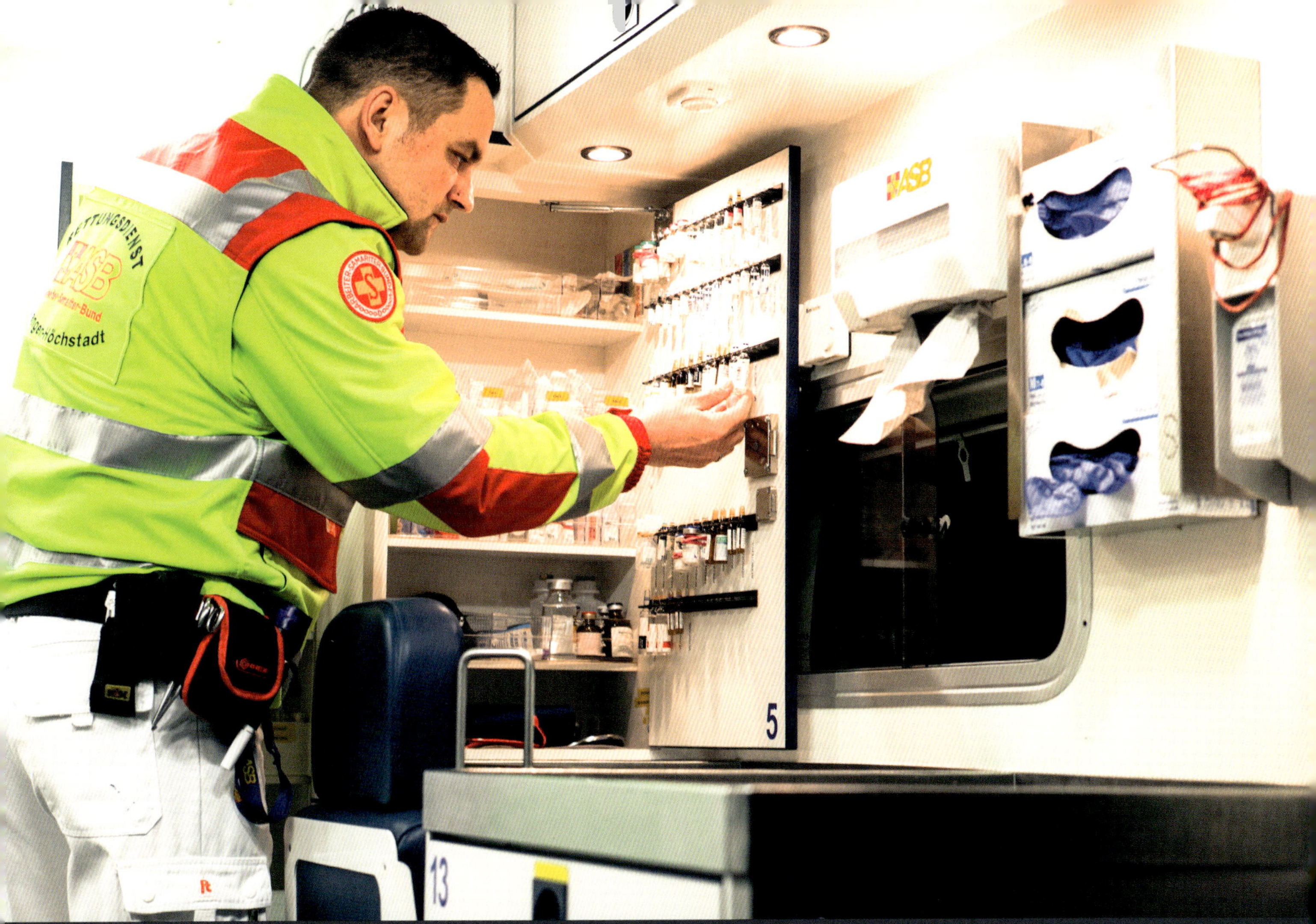
ASB
5
13

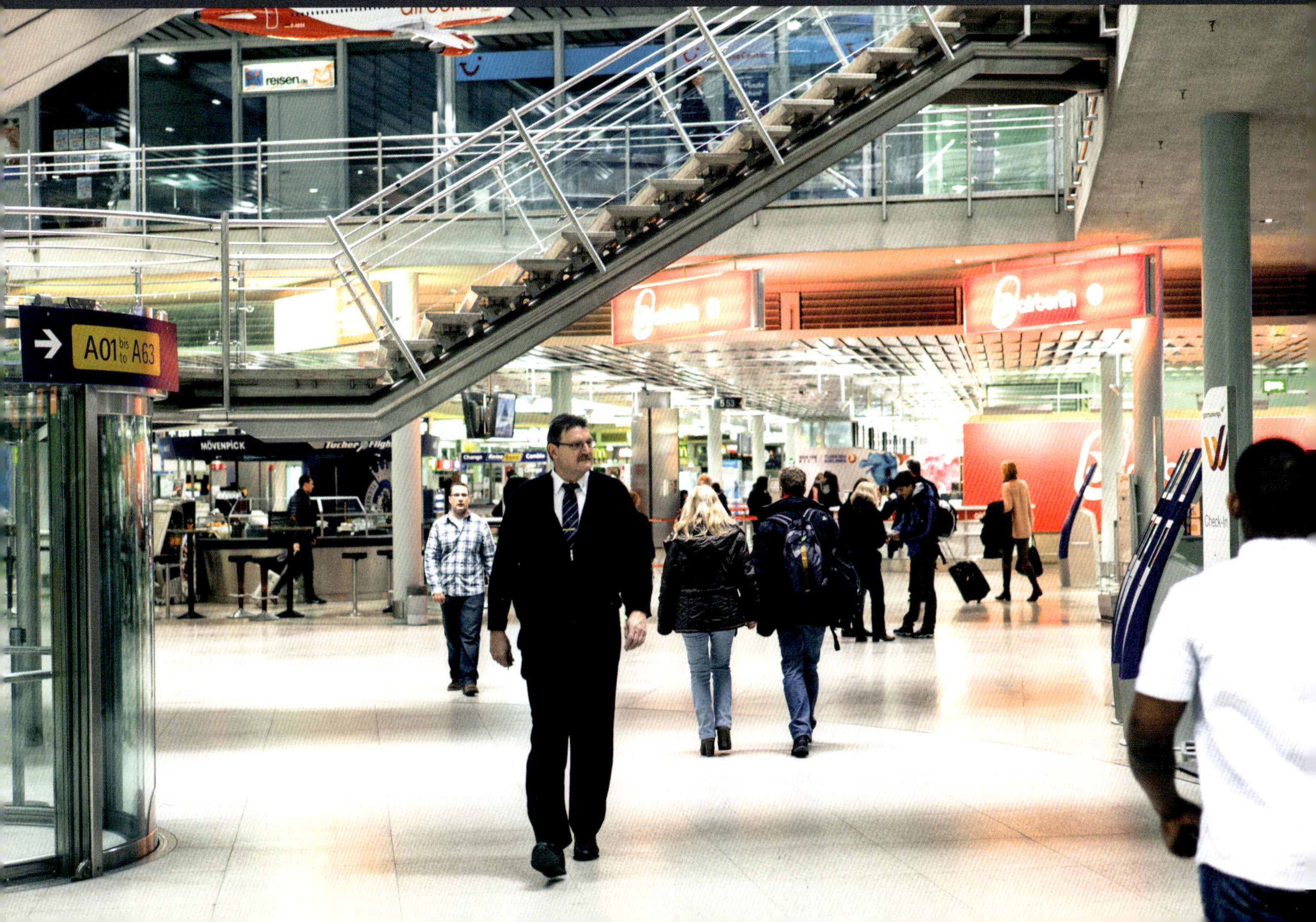
A01 bis to A63
reisen.de
MÖVENPICK
Check-In

SO 5:04 | **22. Februar 2015**
Hauptstraße
Philipp Lindenau, Gastronom

24. Februar 2015
Glückstraße
Dennis Topp, Erzieher

DI
5:41

MI 5:04 | 25. Februar 2015
Vierzigmannstraße
Roman Gause, Braumeister

26. Februar 2015
Fahrstraße
Horst Blahm, Koch

DO 5:36

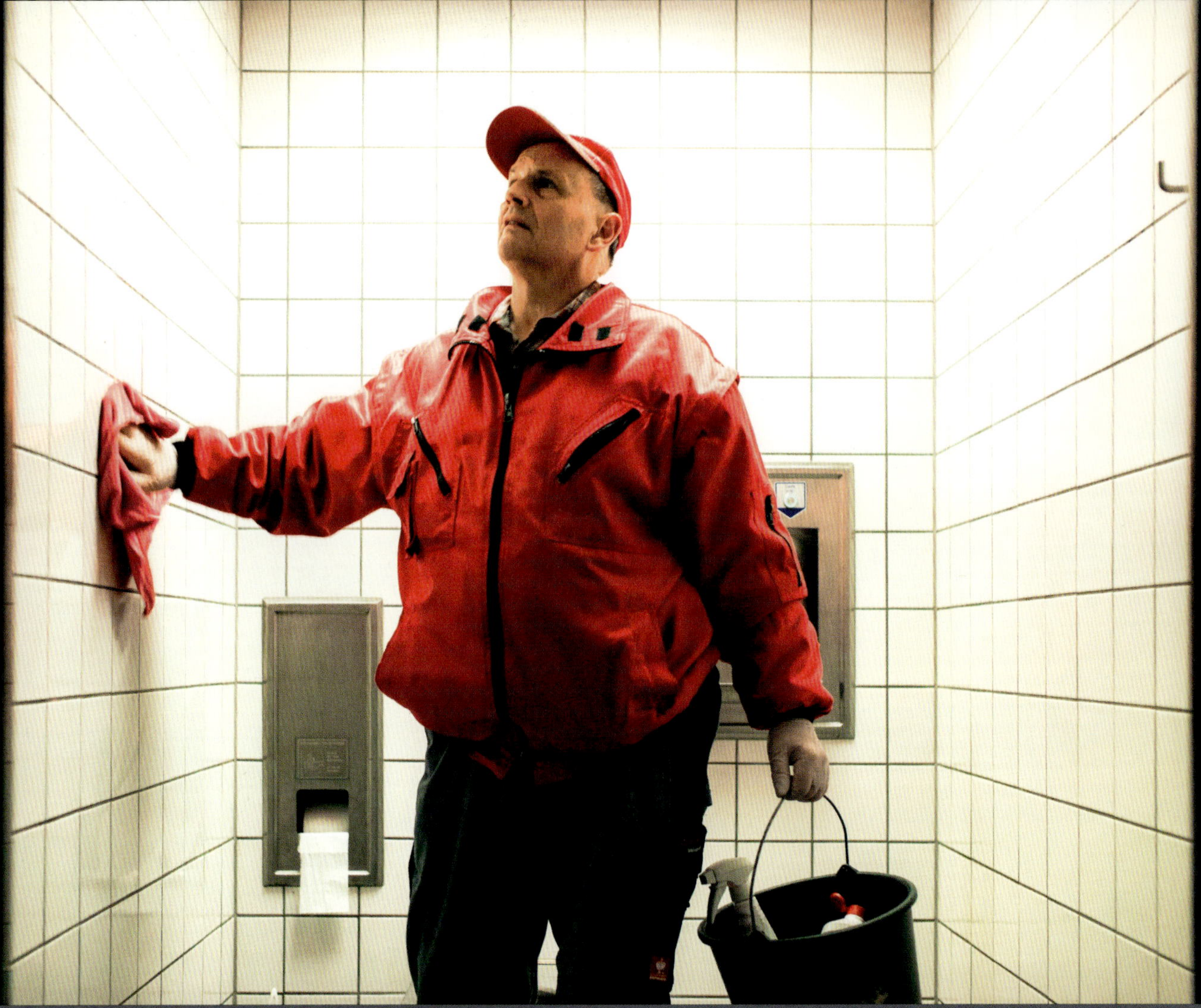

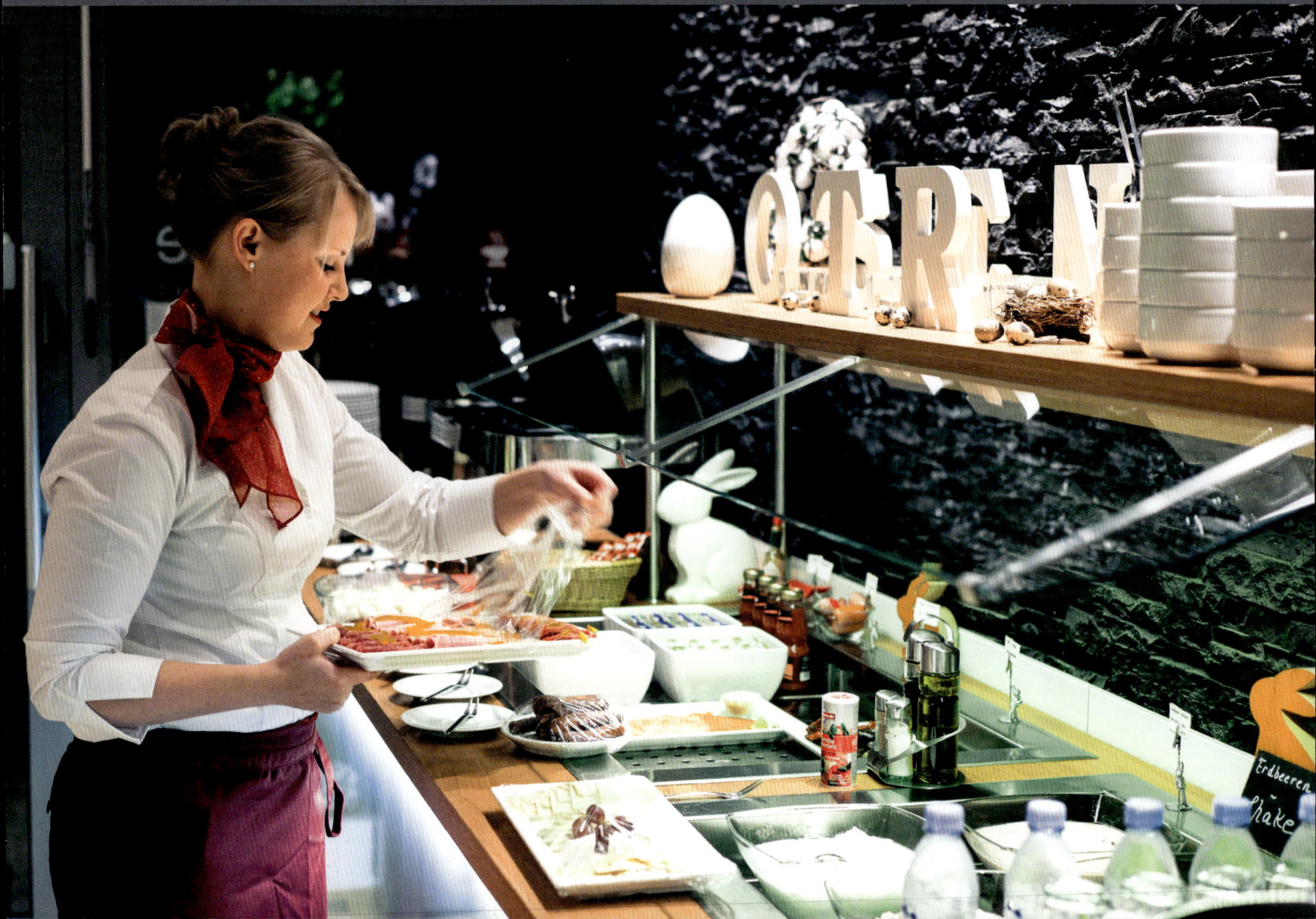
Erdbeeren

FR | **6. März 2015**
5:41 | Bohlenplatz
Hans-Jürgen Pautzke, Reinigungskraft

MI | **11. März 2015**
5:28 | Luitpoldstraße
Lisa Hofmann, angehende Hotelfachfrau

MI 5:46 | 18. März 2015
Kastanienweg, Baiersdorf
Roland Wunder, Lehrer

23. März 2015
Mühlgasse, Möhrendorf
Jürgen Pillipp, Sanitär- und Heizungsmeister

MO
5:40

SO
5:00

5. April 2015
Herz-Jesu-Kirche, Katholischer Kirchenplatz
Matthias Wünsche, Pfarrer

6. April 2015
Alterlanger See
Stefan Cejka, Angler

MO
5:51

8. April 2015 | **MI**
Pfeldern, Büchenbach | **5:58**
Christoph Oberle, Teichwirt

16. April 2015 | **DO**
Ludwig-Erhard-Straße | **5:55**
Stefan Müller, Bundestagsabgeordneter

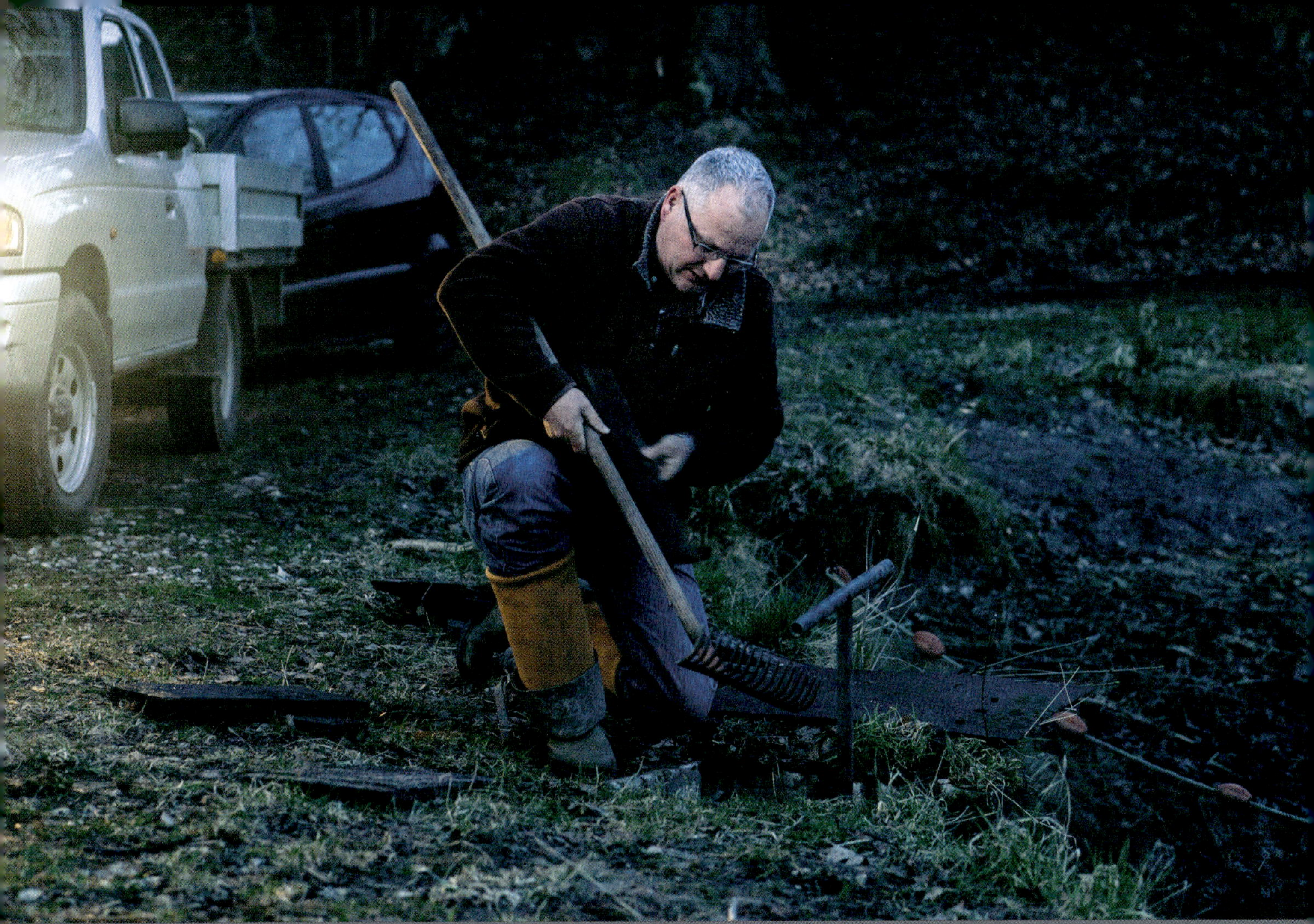

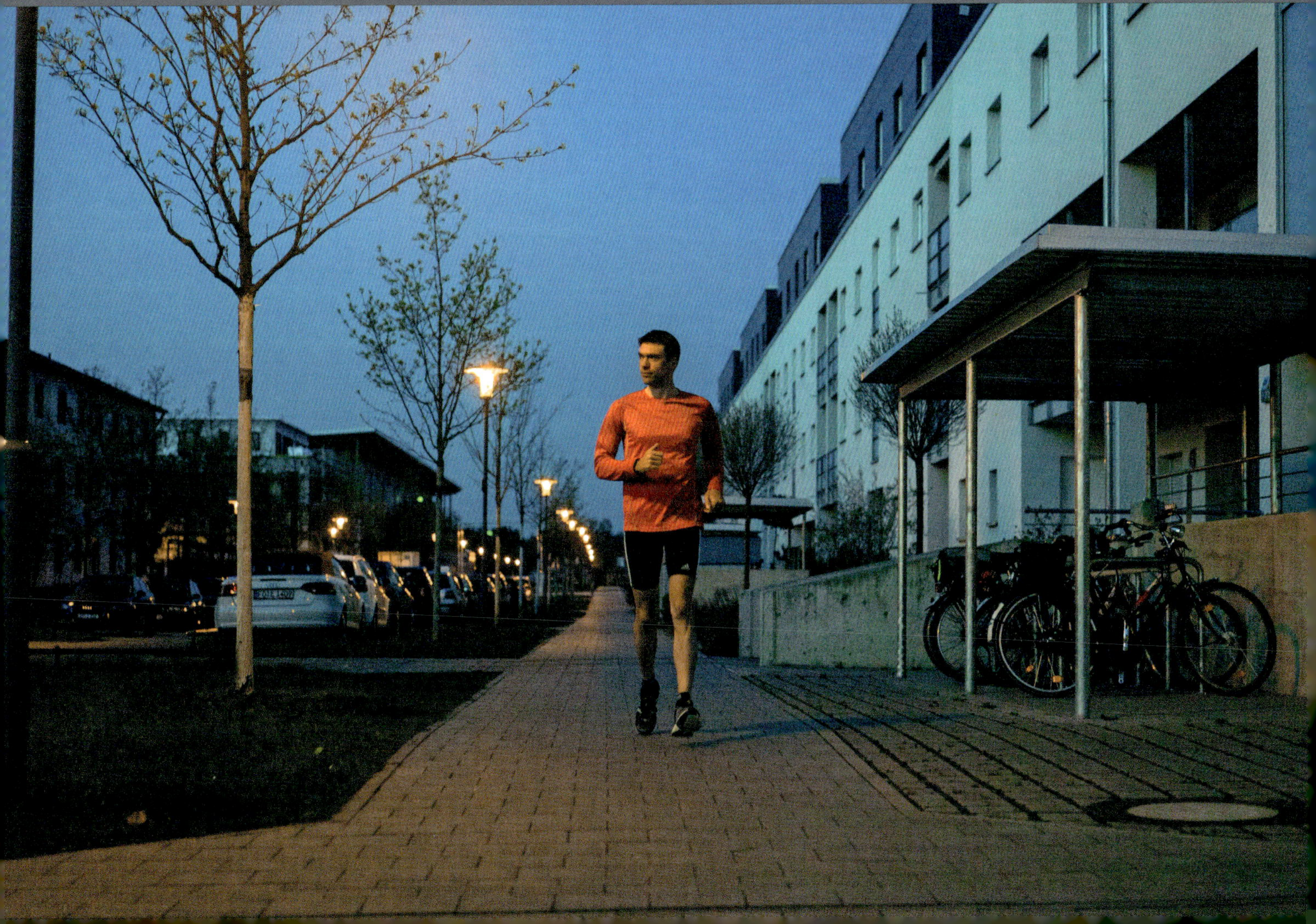

SO | 19. April 2015
5:30 | Waldkrankenhaus St. Marien
Hedwig Metzdorf, Köchin

21. April 2015
Kurt-Schumacher-Straße
Tobias Kleffel, Triathlet

DI
5:17

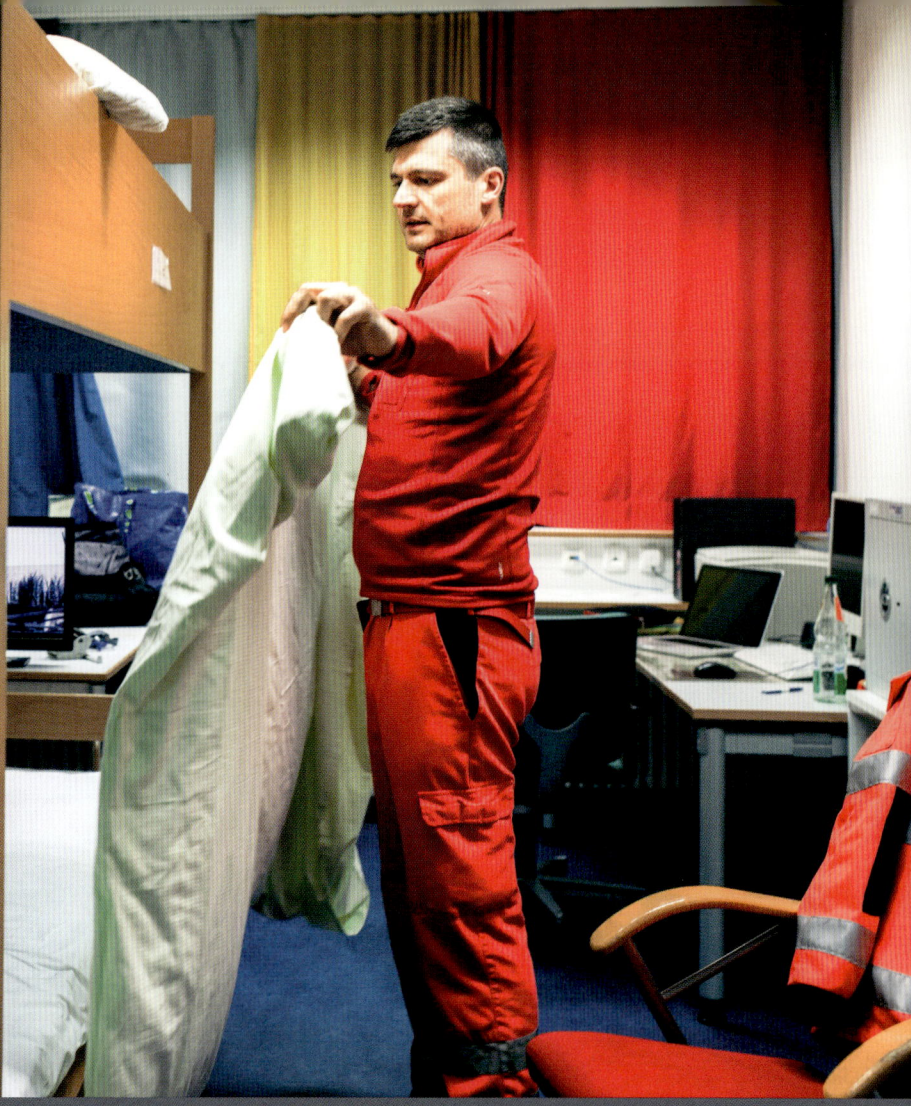

MI 5:20 | 22. April 2015
Krankenhausstraße
Jörg Quente, Notarzt

1. Mai 2015
Hauptbahnhof
Rainer Windhorst, Fotograf

FR
5:47

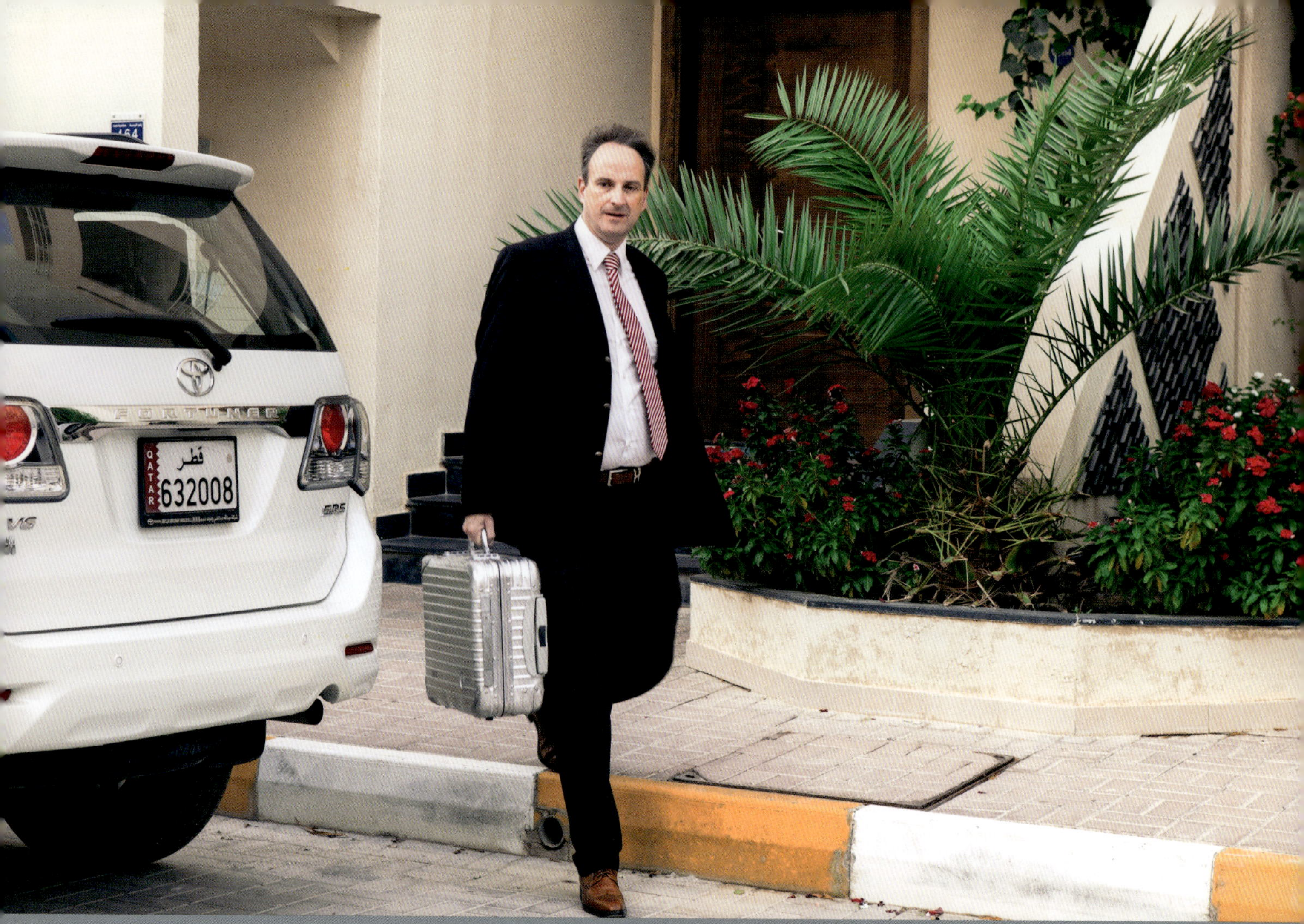
FORTUNER
قطر
QATAR
632008

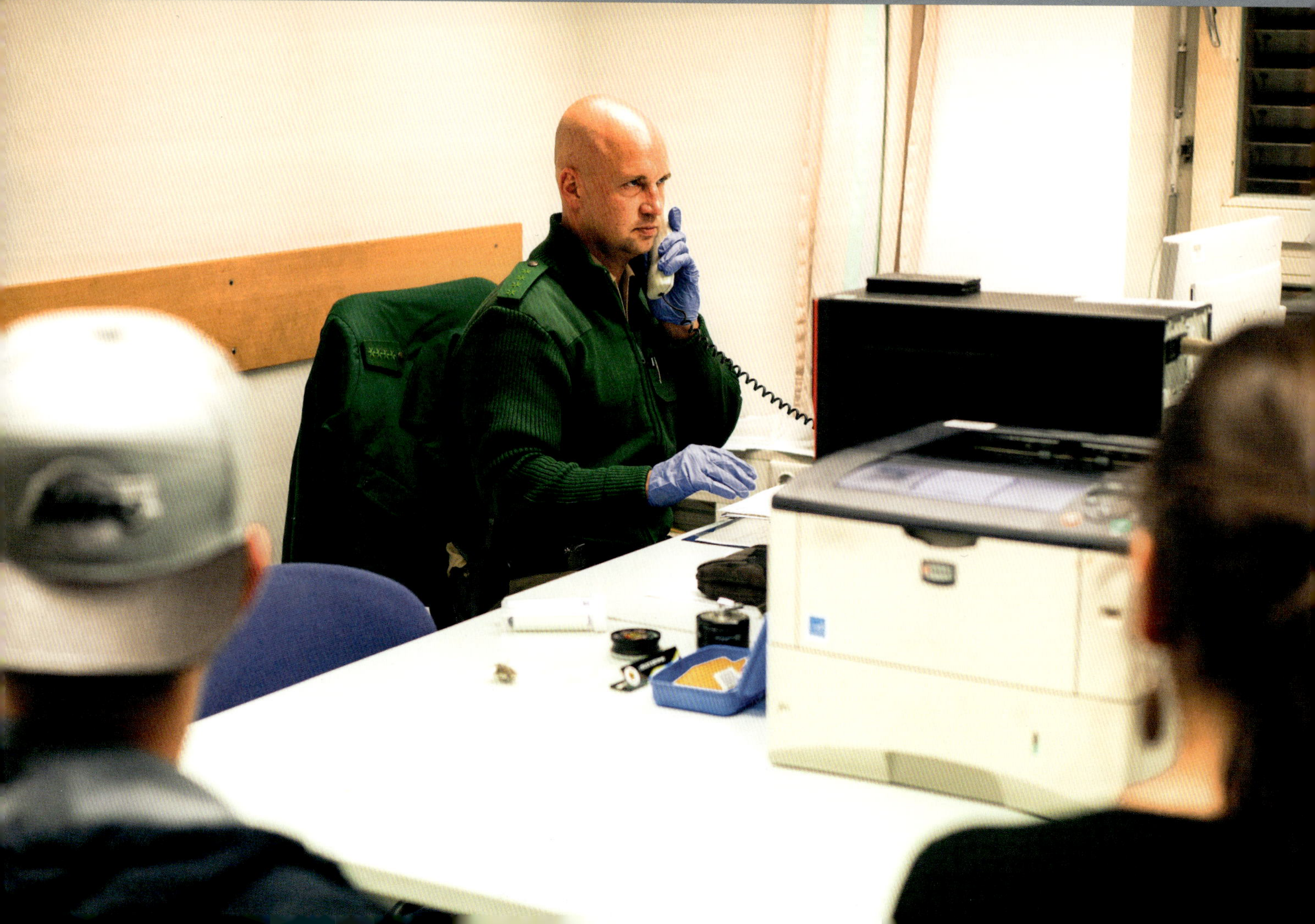

SO | 3. Mai 2015
5:40 | Doha, Katar
         | Dr. Thomas Grögler, Manager

MI | 6. Mai 2015
5:27 | Stintzingstraße
         | Jan Heller, Polizeihauptmeister

DO 5:46 | 7. Mai 2015
Röthelheimpark
Dr. Elisabeth Preuß, Bürgermeisterin

8. Mai 2015
Dompfaffstraße
Rüdiger Endlich, Lehrer

SA
5:39

12. Mai 2015 | **DI**
Hartmannstraße | **5:53**
Roland Böller, Schwimmtrainer

16. Mai 2015 | **SA**
Anonym | **5:57**
Herbert Altvater (Name geändert), Telefonseelsorger

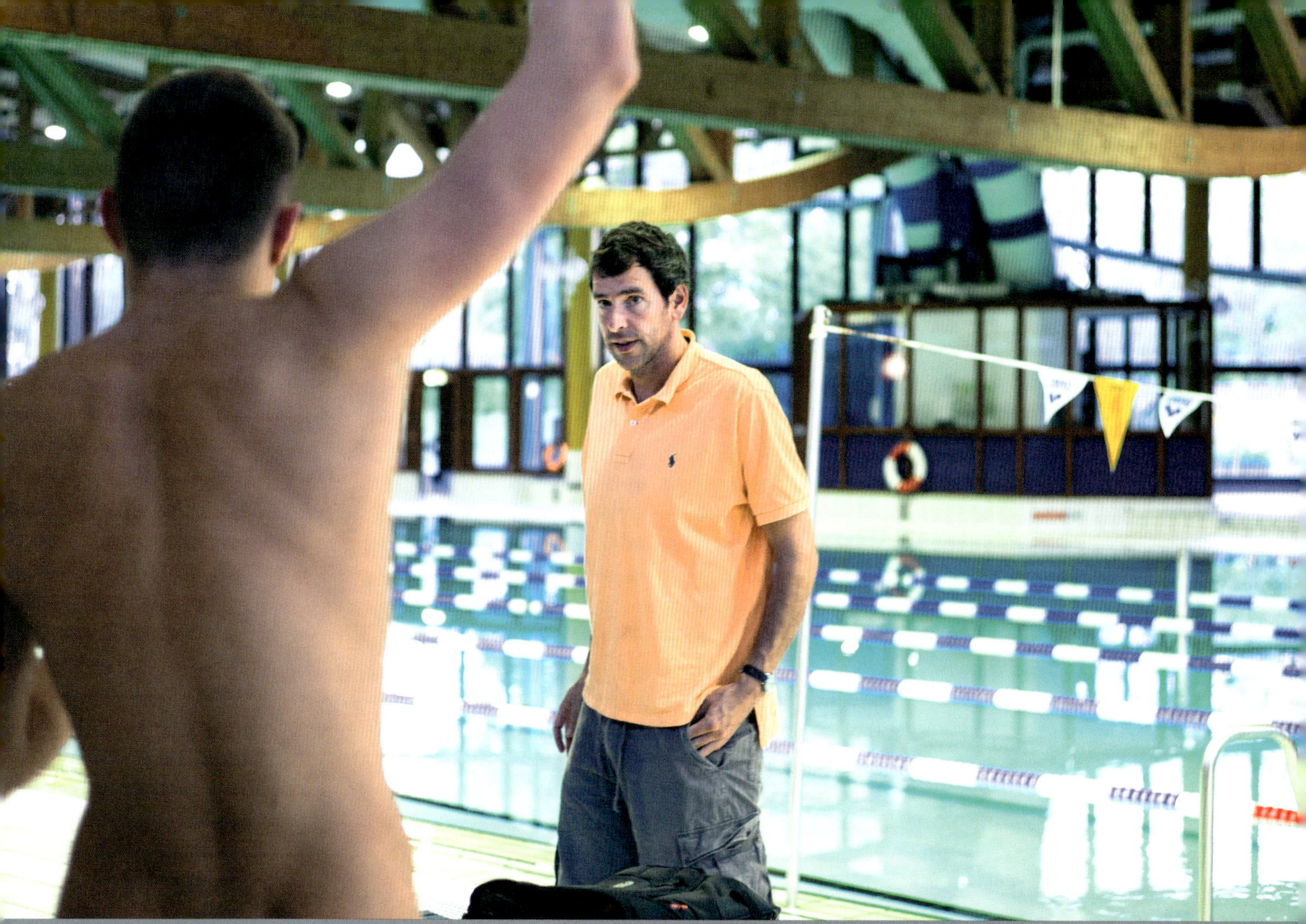

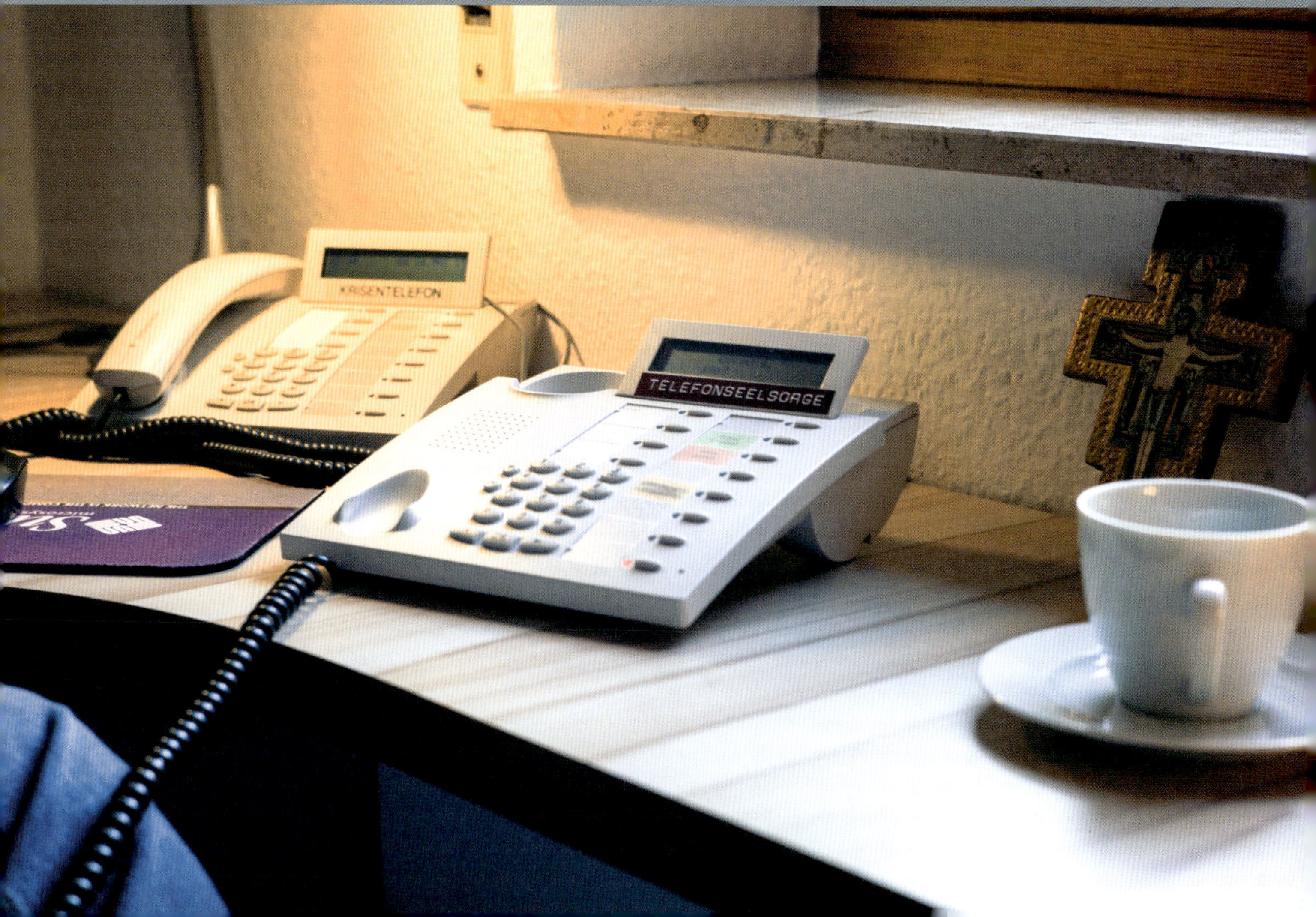
KRISENTELEFON
TELEFONSEELSORGE

SO
5:35 | 17. Mai 2015
Am Hafen
Ralph Bachmann, Wasserretter

22. Mai 2015
An den Kellern
Cord Koch, Brauer

FR
5:00

23. Mai 2015 | **SA**
Wiesenweg | **5:55**
Heinrich Bernard, Schäfer

24. Mai 2015 | **SO**
An den Kellern | **5:08**
Georg Lunz, Reinigungskraft

Zeit für Geschichten
Bratwürste
Schaschlik
Steak
Frische Rettiche

DI
5:19 | 2. Juni 2015
An den Kellern
Frank Hengstmann, Schausteller

5. Juni 2015
Günther-Scharowsky-Straße
Gerd Keitel, Lagerplatzverwalter

FR 5:51

SA 5:43 | 6. Juni 2015
Burgstall, Herzogenaurach
Uwe Hablowetz, Hausmeister

9. Juni 2015
Oberndorf
Hans Rudolph, Landwirt

DI
5:40

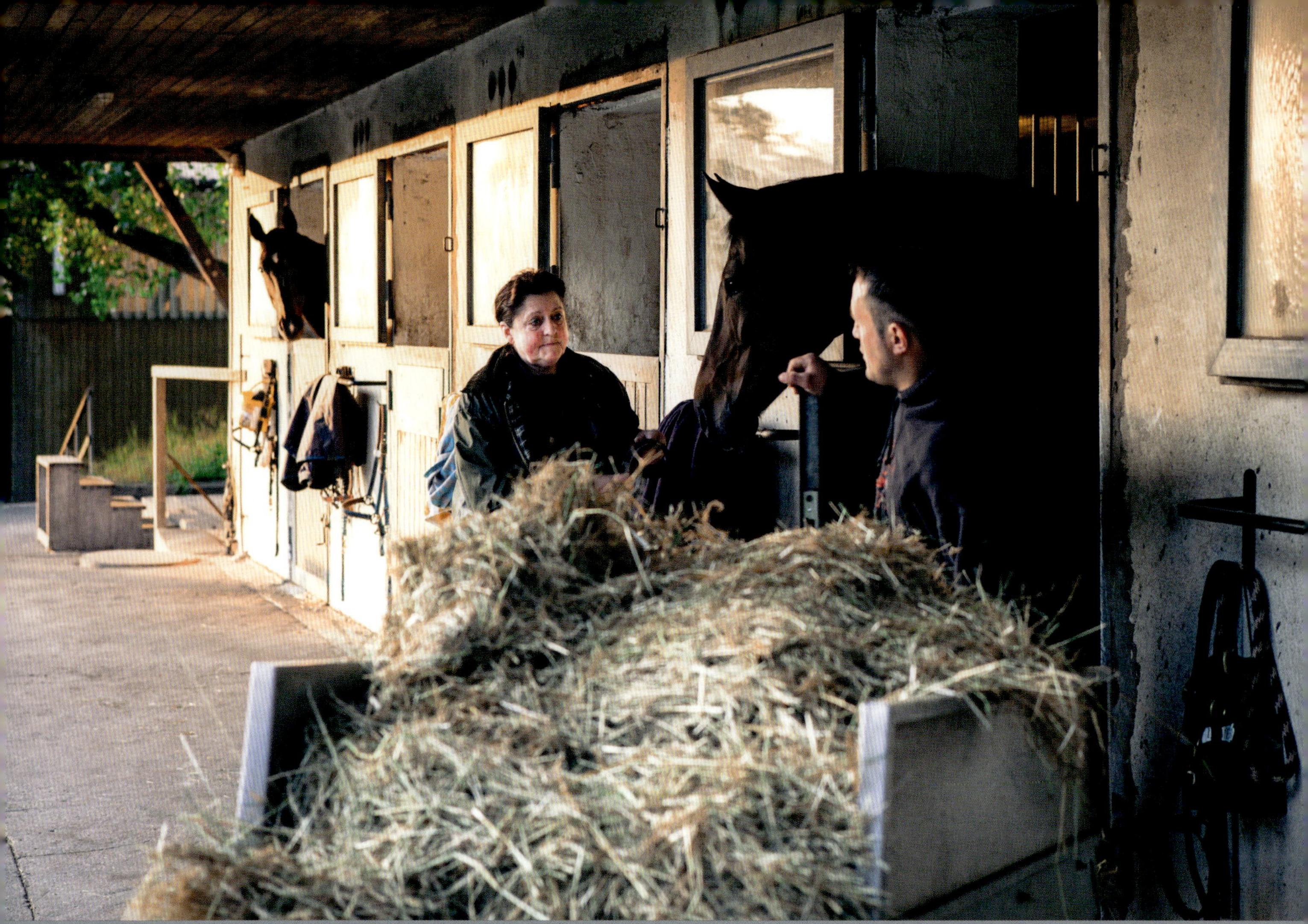

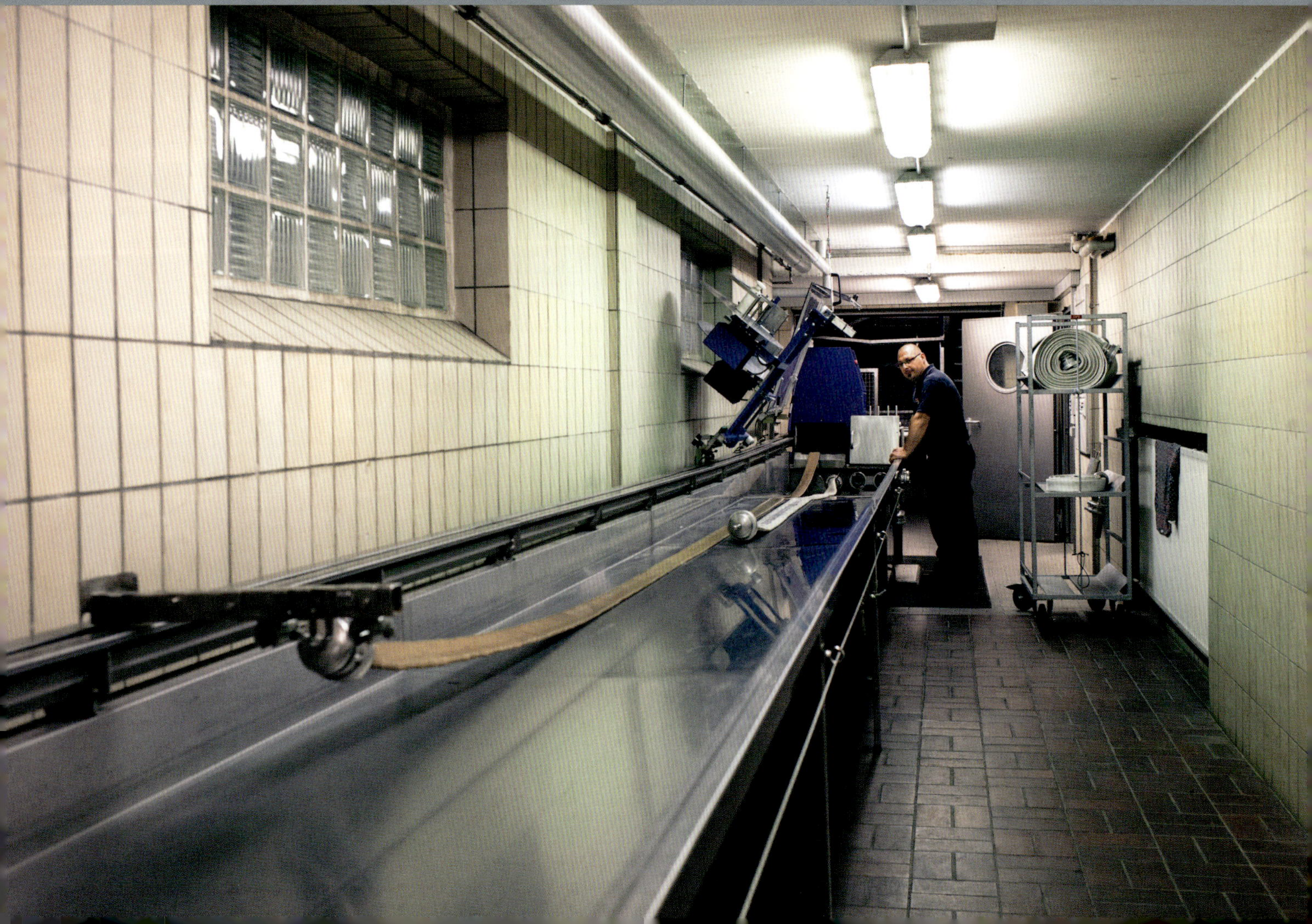

MI | **10. Juni 2015**
5:46 | Gut Eggenhof, Uttenreuth
Astrid Starick, Reitstall-Besitzerin

DI | **16. Juni 2015**
5:55 | Äußere Brucker Straße
Christian Masloff, Feuerwehrmann

MI 5:55 | **17. Juni 2015**
Lorlebergplatz
Mahin Bayer, Bäckerei-Fachverkäuferin

22. Juni 2015
Kurt-Schumacher-Straße
Frank Remek, Verkehrsmeister

MO
5:51

MI
5:49 | 24. Juni 2015
Nürnberger Straße
Daniela Unholzer, Bankkauffrau

27. Juni 2015
Sankt Johann
Hermann Geiger, Treppenläufer

SA
5:53

28. Juni 2015 | **SO**
Hartmannstraße | **5:45**
Nina und Thomas Haas, Hundebesitzer

29. Juni 2015 | **MO**
Ebrard-Straße | **5:07**
Beate Böhmer, Floristmeisterin

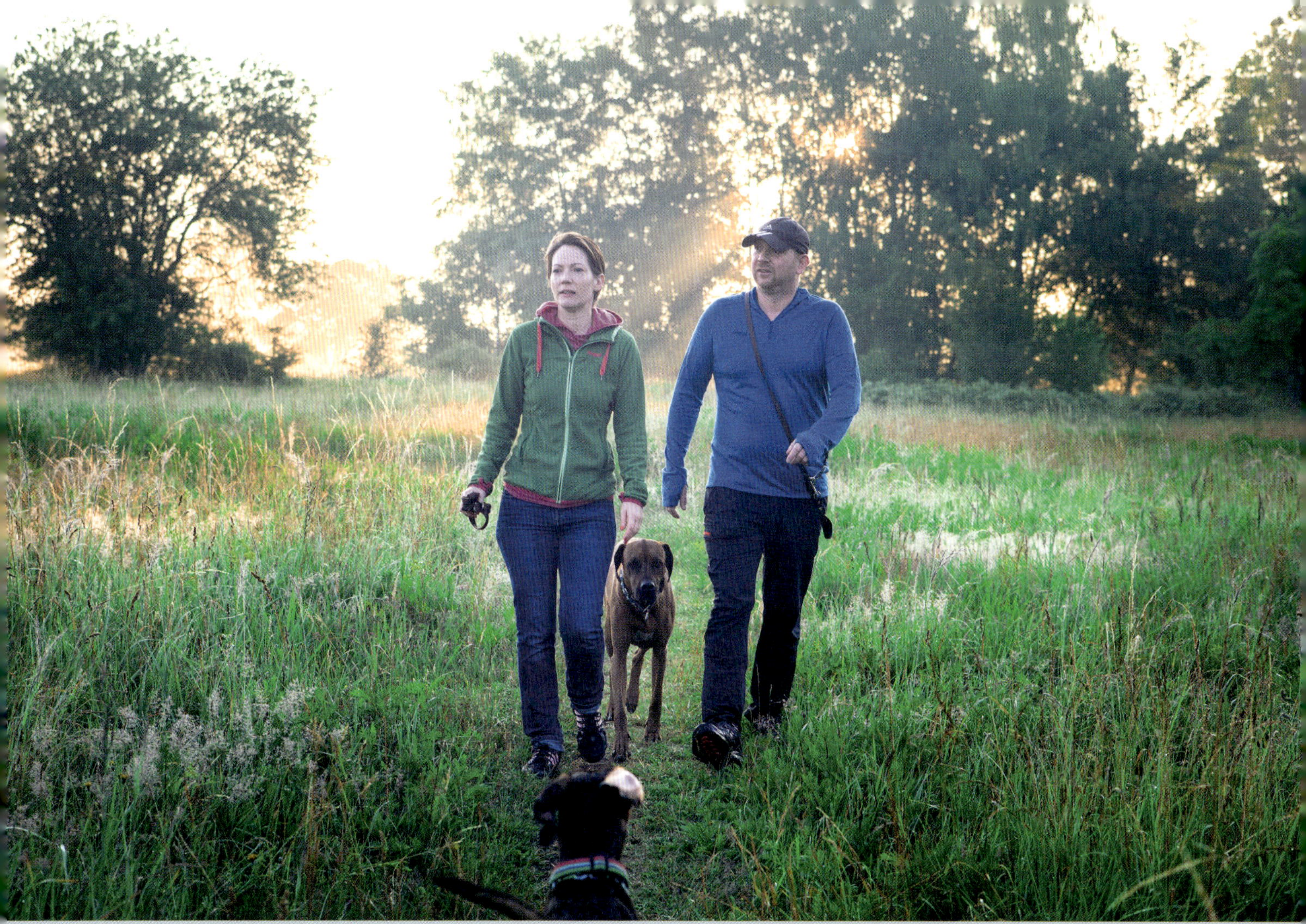

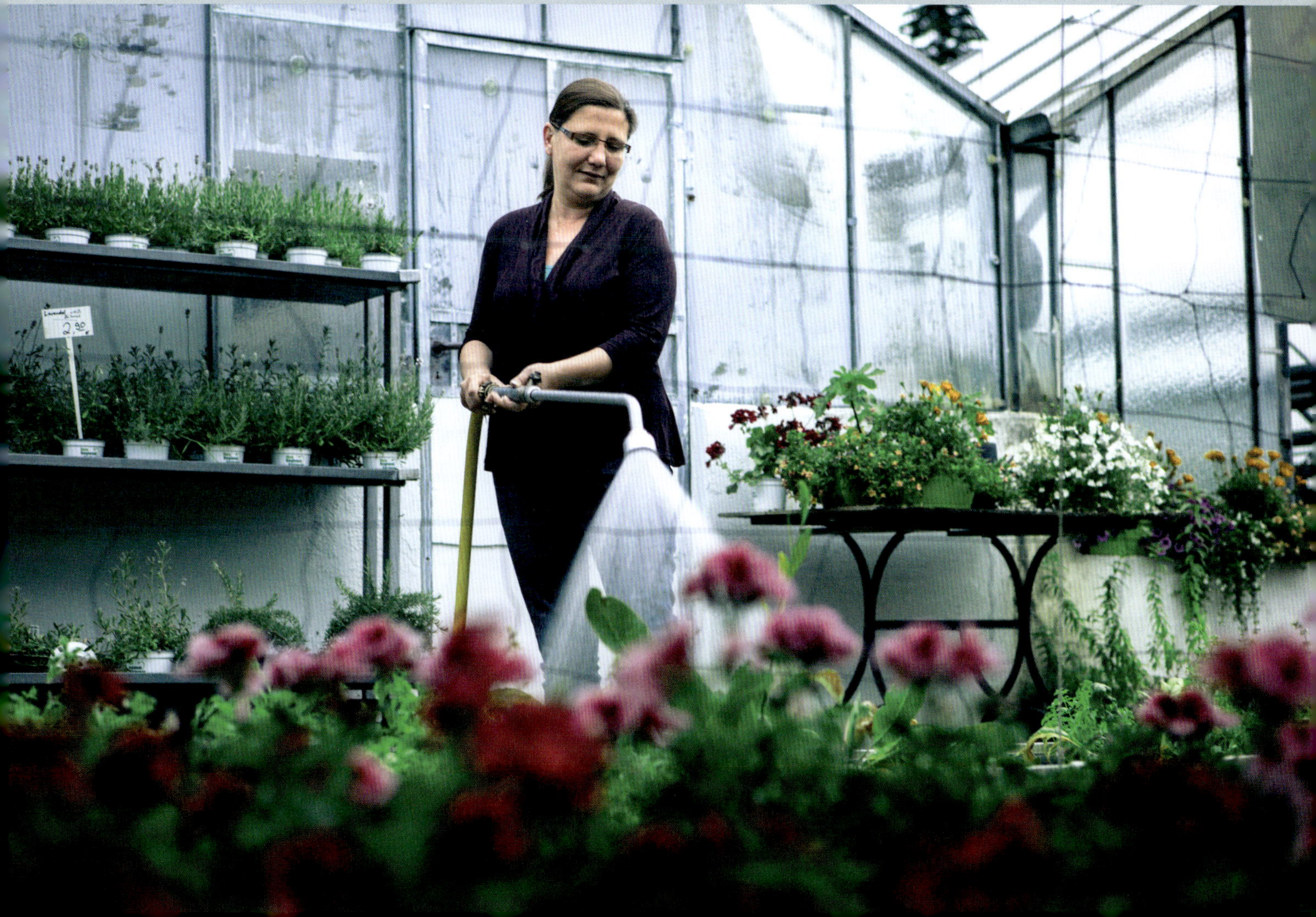

MO 5:29 | 6. Juli 2015
Unter der Neuen Straße
Sascha Hillmann, Sicherheitsmann

8. Juli 2015
Dechsendorfer Straße
Georg Süß, Vieh- und Fleischkaufmann

MI
5:42

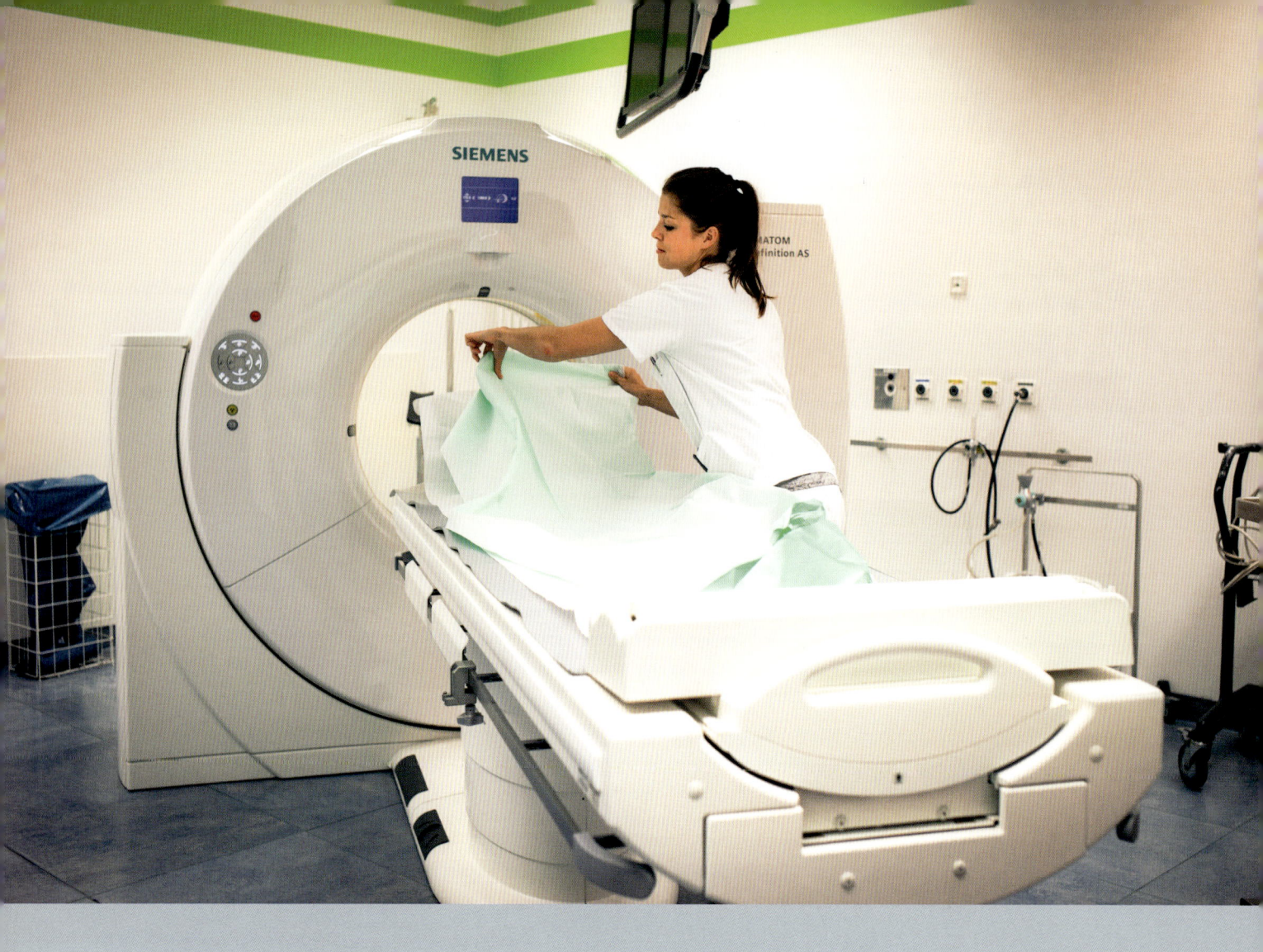

DO 5:44 | 9. Juli 2015
Ulmenweg
Elena Halpap, medizinisch-technische Assistentin

10. Juli 2015
Krankenhausstraße
Christine E. Günther, Pfarrerin

FR
5:50

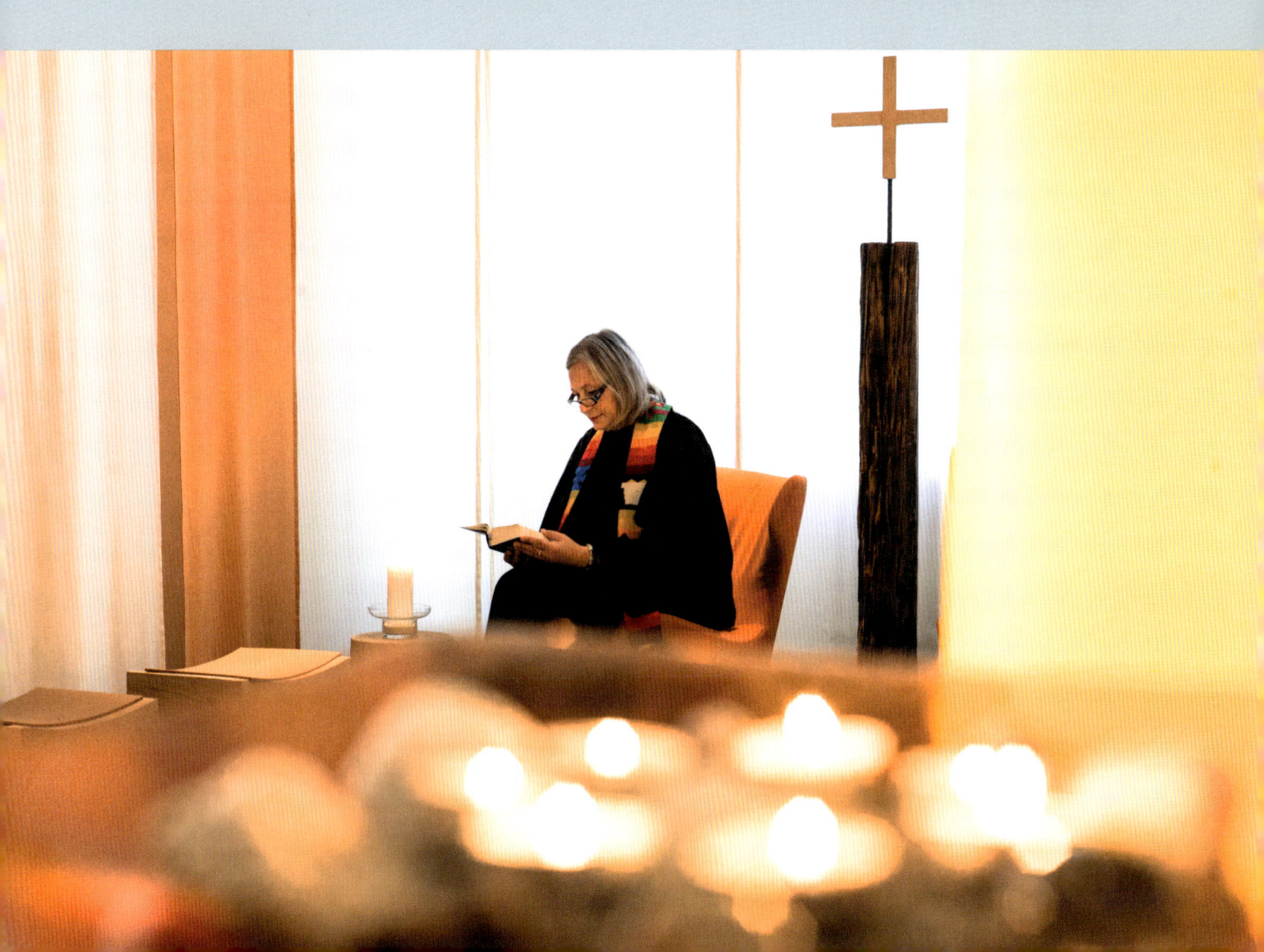

MO 5:11 | **2. Juni 2014**
Ebrardstraße

Zeitungszusteller Frank Koch macht eine kurze Zigarettenpause. Wie immer hatte er seit 1 Uhr nachts in der Breslauer Straße auf seine gut 700 Zeitungen gewartet, die er dann in seinen drei Zustellbezirken und einigen Vertretungsbezirken zu verteilen hatte. Wie meistens hatte er eine gute Stunde auf die Lieferung gewartet - „tote Zeit", wie er sagt. Nun, rund drei Stunden später, hat er es fast geschafft, die Arbeitsnacht neigt sich dem Ende entgegen. Mit der Erfahrung von 16 Berufsjahren als Zeitungszusteller schafft er einen Bezirk in einer guten Stunde. Und wenn er mal vertreten werden muss? „Keine Ahnung, ich war seit fünf Jahren nicht mehr krank und hoffe, dass das so bleibt", sagt er, löscht seine Zigarette und macht sich wieder auf den Weg. Eine gute Stunde hat er noch vor sich.

DI 5:27 | **3. Juni 2014**
Waldkrankenhaus St. Marien

Schwester Anna vom Konvent der Sankt Franziskusschwestern von Vierzehnheiligen entzündet wie jeden Morgen zur gleichen Zeit in der stillen Kapelle des Waldkrankenhauses St. Marien die Osterkerze. Schwester Anna ist die Erste, die wach ist, und trifft die Vorbereitungen für das Chorgebet ihrer Mitschwestern um 6.15 Uhr, den ersten Gottesdienst des Tages. Um diese Zeit wird Schwester Anna schon am Erlanger Bahnhof auf den Zug nach Nürnberg warten. Dort arbeitet sie in einem Tagestreff für Obdachlose, denen dort neben drei Mahlzeiten auch die Möglichkeit zum Gespräch angeboten wird. „Es ist eine schöne und sinnvolle Arbeit, die ich mir bewusst ausgesucht habe", sagt Schwester Anna und vertieft sich in den ersten guten Gedanken des Tages.

MI 5:34 | **4. Juni 2014**
Großmarkt Nürnberg

Gerhard Marburger prüft – wie an fast jedem Tag seit der Eröffnung seiner „Fruchtecke" vor 22 Jahren – die Ware auf dem Großmarkt in der Leyher Straße in Nürnberg. Nur bei Krankheit oder in der einzigen Woche Urlaub im Jahr ist er nicht vor Ort. „So habe ich mich ganz automatisch an das frühe Aufstehen gewöhnt", sagt er und zieht weiter zu den Erdbeeren. Zum anderen „habe ich mich nun einmal auf Premium-Lebensmittel festgelegt und da ist es nach wie vor so, dass das Angebot und die Qualität auf dem Großmarkt mit fortschreitender Tageszeit immer mehr nachlassen." Wer also die schönsten Kartoffeln und die leckersten Erdbeeren haben möchte, der muss eben früh raus. „Und ganz ehrlich: Unglücklich bin ich nicht, ganz im Gegenteil", sagt Gerhard Marburger und lacht. Man glaubt es ihm.

DO 5:16 | **5. Juni 2014**
Truck-Stop Tennenlohe

Raimund Gurski macht sich in wenigen Minuten auf den Weg zur A9 nach Berlin. Er hat Essigsäure geladen und die Nacht, insgesamt neun Stunden, auf dem Truck-Stop in Tennenlohe verbracht. Gute sieben Stunden davon hat er geschlafen, in der Frühe noch geduscht und gefrühstückt. „Das ist so der normale Rhythmus, den ich immer habe", sagt der angestellte Berufskraftfahrer. Einst, in den 1980er-Jahren, war es „mein Traumjob. Man hat die Welt gesehen und gutes Geld verdient", sagt er. Doch die Zeiten hätten sich geändert. „Heute sind wir Lohnsklaven, der Termindruck ist enorm und man hat kaum mehr Zeit, wahrzunehmen, wo man ist." Im Schnitt dreimal pro Woche kann er sein Wohnhaus vom Führerhaus aus sehen. Rausfahren und „Hallo!" sagen, ist nicht drin.
Fünf durchgängige Tage auf dem Bock hat er gerade hinter sich, morgen geht es endlich heim zur Frau nach Ludwigshafen. „Man gewöhnt sich an alles, auch daran, sich fast nicht zu sehen", sagt er. Aber auch: „Ich freue mich auf zu Hause. Sehr sogar."

MI
5:10

11. Juni 2014

An den Kellern

Martina Deusel räumt auf. Vor sechs Stunden hat die Band „Appendix" das letzte Lied des „Firmen-Dienstags" auf der Erlanger Bergkirchweih 2014 gespielt und nun ist die Bühne des Erich-Kellers so gut wie leer. Martina Deusel gehört zu den festangestellten Roadies der Erlanger Cover-Band mit Kultstatus. Aufgebaut worden war sechs Tage zuvor, zu Beginn der Kirchweih. Seitdem war „Appendix" jeden Abend auf der Bühne, das lästige Auf- und Abbauen ist auf diese Weise entfallen. Dennoch war Martina Deusel seit 14 Uhr des Vortags rund um die Uhr im Einsatz – das Ende allerdings ist nah: „Noch eine halbe Stunde, dann kippe ich endlich ins Bett!", sagt sie und steckt sich eine Zigarette an, die sicher nicht die letzte bis dahin ist. Sie verstaut die letzte Kiste im Band-Truck: „Ich kann nicht jammern. Schließlich ist es das Leben, das ich mir ausgesucht habe und die Band ist einfach geil!"

MO
5:23

23. Juni 2014

Marktplatz

Uwe Fees baut seinen Stand auf dem Marktplatz auf. An sechs Tagen in der Woche verkauft er hier frisches Gemüse mit einem kleinen Team um ihn und seine Mutter. Der Großvater hatte selbst noch Landwirtschaft betrieben, heute kommen die Früchte des Bodens vom regionalen Großmarkt in Nürnberg und von einheimischen Erzeugern, die ihre Waren direkt zum Stand bringen. „Seit ich ein kleiner Bub war, habe ich an dem Stand mitgearbeitet, also seit rund 40 Jahren. Im Winter ist es natürlich härter als im Sommer. Aber man ist an der frischen Luft und erlebt immer etwas", erzählt Fees in den rund 20 Minuten, die er braucht, um den Stand aufzustellen. „Besonders lustig ist es Freitag und Samstag morgens, wenn wir schon um 4.30 Uhr anfangen und die heimgehenden Nachtschwärmer Hunger haben. Da wir keinen Döner haben, müssen die Leute zu Rohkost greifen. Und das klappt."

DI
5:21

24. Juni 2014

Artilleriestraße

Alexander Gofstein begrüßt das Nachtpublikum des Fitnessstudios XXL, das rund um die Uhr geöffnet hat. Seit drei Jahren und einem Monat arbeitet der 67-jährige Ukrainer zwei komplette Wochen im Monat von 23 Uhr bis 9 Uhr morgens als Nachtwächter im Fitnesstempel. Warum er da ist? „Ich bin einfach da!" Ist schon einmal etwas passiert? „Sie meinen eine Katastrophe? Hat es noch nicht gegeben und wird es – so Gott bewahre – auch nicht geben!" Ist es nicht manchmal auch ein bisschen langweilig? „Auch ohne Katastrophe ist mir nicht langweilig, im Gegenteil. Ich kann Radio hören, fernsehen und viele, viele Bücher und noch mehr Zeitungen lesen. Ich habe viel gelesen in letzter Zeit. Und ob Sie es glauben oder nicht: Ich bin in den ganzen Jahren nicht eine Minute alleine im Studio gewesen. Es ist immer jemand da!"

SO
5:24

29. Juni 2014

Sebastianstraße, Tennenlohe

Florian Wendler ist wie immer früh aufgestanden – obwohl es Sonntag ist. Die Tiere haben Hunger und wollen versorgt werden – ganz unabhängig davon, welcher Wochentag gerade oder wann Florian Wendler am Abend zuvor schlafen gegangen ist. „Der Sonntag hat wenigstens den Vorteil, dass man sich nach Füttern und Melken noch einmal ein bisschen hinlegen kann – außer, es ist Spargelzeit oder man muss Heu machen", sagt Wendler, der schon immer Bauer war und seine Tiere liebt. So möchte er sich auch nicht beschweren über die langen Arbeitstage, die immer zur gleichen Zeit beginnen, im Sommer aber mal bis 21 Uhr dauern können. „Ich bin viel draußen und kann mit Tieren arbeiten, das ist doch eine tolle Sache", sagt er und freut sich schon auf das Frühstück. Allerdings wird es noch ein wenig dauern, bis es 7 Uhr ist…

SEITE 12 – 15

SA 5:36 | **5. Juli 2014**
Bohlenplatz

Bernd Görzig (re.) und seine Frau Monika sind schon seit über drei Stunden auf den Beinen. Sie haben wie an jedem ersten Samstag im Monat auf dem Bohlenplatz den Stand der Marktleitung mit kleinem Imbiss errichtet und warten jetzt auf die Aussteller von Erlangens ältestem Flohmarkt. Man kennt sich zum Teil seit Jahrzehnten und wenn man sich einmal im Monat sieht, dann fällt die Begrüßung eben ein bisschen herzlicher aus. So werden die beiden auch noch an ihrem Stand stehen, wenn der letzte Kunde den Flohmarkt schon längst verlassen hat. „Wir sind eine kleine Familie", sagt Monika, die sich mit ihrem Mann einig ist, keine professionellen Händler zuzulassen. „Das würde das Gesicht des Flohmarkts verändern", ist Monika Görzig überzeugt. Sie ist im „echten Leben" Yoga-Lehrerin. Bernds Rezept für eine geglückte „Wiedereingliederung" am Montag? „Am Sonntag einfach, ganz, ganz lange schlafen!"

SO 5:20 | **6. Juli 2014**
Schlossgarten

Herbert Ertel räumt auf. Vor wenigen Stunden erst ist das 60. Schlossgartenfest zu Ende gegangen, um 10 Uhr schon beginnt das Bürgerfest und es müssen noch einige Umstellungen vorgenommen werden. Geradezu unendlich erscheint das Meer der weißen Plastikstühle, auf denen am Abend zuvor noch ein Großteil der 6.500 Festbesucher gesessen hatte. Herbert Ertel hatte von seinem Sohn, ebenfalls Helfer, gehört, dass es einen kurzfristigen Krankheitsfall in der Mannschaft von Gastronom Hubert Nägel gegeben hatte, und sich kurzfristig entschieden mitzumachen. Seit 5 Uhr schon sind die Helfer am Werk – für Ertels Verhältnisse eher spät. „Ich arbeite normalerweise am Frankfurter Flughafen und fange da schon immer um 4 Uhr an. So war es heute ein bisschen wie ausschlafen!"

MO 5:50 | **7. Juli 2014**
Bohlenplatz

Andrea Eberlein beginnt, die Gebäck-Vitrine im Stammhaus der Bäckerei Pickelmann aufzufüllen. Seit 30 Jahren arbeitet die Bäckerei-Fachverkäuferin nur mit einer kurzen Unterbrechung für den Familienbetrieb. Und obwohl sie jeden Morgen einige Kilometer aus dem Umland anfahren muss, fühlt sie sich am Bohlenplatz wie zu Hause. „Man kennt halt die Leut'", sagt sie und beeilt sich. In wenigen Minuten geht das Licht hinter ihr an und dann werden die ersten Kunden im Laden stehen – noch verstrubbelte Familienväter auf der Suche nach frischen Brötchen oder Handwerker aus den neuen Bundesländern, die für eine Woche oder länger auf Montage in der Hugenottenstadt sind und sich von Andrea Eberlein das Frühstück machen lassen. Die Frühstücksbuffets in den Low-Budget-Hotels haben um diese Zeit in der Regel noch nicht geöffnet.

FR 5:44 | **11. Juli 2014**
Schlossplatz

Mehmet Tahan macht einen Strandspaziergang. Am Tag zuvor hatte zum ersten Mal in Erlangen der sogenannte „Schlossstrand" geöffnet, einer Art „Miniatur-Sylt" auf dem Schlossplatz. Der Auftakt war verregnet und einige Halbstarke hatten versucht, nach Schankschluss eine Art Privatparty zu veranstalten. Kein Problem für Sicherheitsmann Mehmet Tahan, „es waren nur ein paar Kinder, die haben auf mich gehört." Allerdings geht er davon aus, dass in den kommenden vier Wochen – bei deutlich wärmeren Temperaturen – wohl deutlich mehr Menschen versuchen werden, in das abgesperrte Sandareal vorzudringen. „Aber immerhin gibt es dann was zu tun", sagt Tahan. „Wenn nichts los ist, dann kann so eine Schicht von 22.30 Uhr bis 7 Uhr früh ganz schön lang werden." Er ist für den ganzen Monat eingeteilt, nur wenn er krank wird, schickt sein Chef Ersatz. Aber keine Bange, „das wird schon, solange genügend Kaffee in der Kanne ist, gibt es keine Probleme", sagt Tahan und lacht. Seine Schicht ist bald zu Ende.

**DO
5:30**

17. Juli 2014
Neustädter Kirchenplatz

Mario LoGiodice kehrt zusammen, was von der Nacht übrig ist. Allmorgendlich um genau 5 Uhr beginnt sein Arbeitstag, gekehrt wird auch sonn- und feiertags bis 13.45 Uhr, unterbrochen nur durch die halbstündige Frühstückspause um 9 Uhr. Mario LoGiodice hat sich diesen Beruf vor gut anderthalb Jahren selbst ausgesucht und die Wahl bislang nicht bereut. „Wenn ich mittags fertig bin, habe ich fast noch den ganzen Tag vor mir. Das ist eine Art Luxus", sagt er und fegt weiter Glasscherben, Papier und Plastik in den Rinnstein für die Kehrmaschine, die ihm im Abstand weniger Minuten folgt. Seit Beppo Straßenkehrer aus „MOMO" weiß man, dass der Straßenfeger eine Art Auge und Ohr der Stadt am frühen Morgen ist. „Die Leute nehmen uns ja kaum wahr, weil wir zum Straßenbild gehören. Vor allem am Wochenende spielen sich direkt vor unseren Augen große und kleine Dramen ab. Das ist besser als Fernsehen."

**SA
5:25**

19. Juli 2014
Hauptstraße 75

Cemil Bagdatli bereitet sein türkisches Restaurant auf den Tag vor. Gemüse wird geputzt, Zwiebeln werden geschnitten und Knoblauch-Saucen werden angerührt. Dann wird der Döner-Grill angeworfen. Rund eine Stunde dauert es dann, bis das erste Fleisch in die Teigtaschen wandern kann. Es ist Samstagmorgen und die Nachfrage ist groß. „Döner!", röhren im Fünf-Minuten-Takt Gruppen alkoholisierter Nachtschwärmer nicht gerade freundlich durch das leicht geöffnete Fenster. Cemil Bagdatli reagiert ruhig, erklärt beinahe gelassen, dass er noch nichts verkaufen darf und verweist auf die Lokale mit Nachtkonzession nicht weit entfernt. „Es ist schade, dass so viele Menschen beleidigt sind, weil sie von mir nichts zu essen bekommen. Aber ich kann da leider nichts machen. So ist das Gesetz."

**DI
5:34**

22. Juli 2014
Helmut-Lederer-Straße

Angela Döbler kümmert sich um ihren Kater. Der 16-jährige Felix hat seit über einem Jahr schwere Diabetes und bekommt zweimal am Tag eine Insulin-Injektion – im Abstand von jeweils genau zwölf Stunden. „Sicherlich könnte ich ihm seine Spritze auch zwei Stunden später geben, aber dann hätte ich abends kein soziales Leben mehr. Ich könnte nicht mehr ins Theater, zum Tanzen oder ins Kino gehen. Es ist ja jetzt schon schwer genug", sagt Angela Döbler. Sie hat sich ans frühe Aufstehen gewöhnt. Da man den „Katzensittern" aus der Nachbarschaft die komplette, jeweils rund 30-minütige medizinische Behandlung inklusive Blutzucker-Bestimmung aus dem Ohr nicht zumuten kann, „gibt es für mich keinen Urlaub mehr", seufzt Angela Döbler. „Ich wüsste nicht, was ich machen würde, wenn Felix erst zwei oder drei Jahre alt wäre. Das wäre wohl zum Verzweifeln!" So aber kümmert sich sie weiter unverdrossen um ihren Felix, der die ihm zuteil werdende Aufmerksamkeit sichtlich genießt.

**DI
5:09**

29. Juli 2014
Waldkrankenhaus St. Marien

Krankenschwester Hildegard Fritsch bereitet Infusionen vor. Es ist eine relativ ruhige Nacht auf der Intensivstation im Erlanger Waldkrankenhaus St. Marien, Zeit für die Routinesachen. „Es kommt nicht oft vor, dass alle unsere Patienten zugleich schlafen. Meist wird es erst am frühen Morgen ruhiger", sagt die Krankenschwester. Seit 1979 arbeitet sie ohne Unterbrechung auf der Intensivstation der traditionsreichen Erlanger Klinik – immer in der Nachtschicht von 20.25 bis 6.25 Uhr. „Anfangs musste ich das so machen wegen der Kinder, später konnte ich es mir nicht mehr anders vorstellen", sagt sie mit müden, aber lachenden Augen. Wäre es noch einmal 1975 und sie stünde wie damals vor der Berufswahl, würde sie sich noch einmal so entscheiden? „Einen Bürojob konnte ich mir nie vorstellen und die Arbeit hier ist unwahrscheinlich wichtig und richtig. Die Menschen brauchen Hilfe, sonst wären sie nicht hier. Für fast alles, was man hier tut, bekommt man Anerkennung und Dankbarkeit zurück – von Patienten und Angehörigen. Ich arbeite gerne hier."

MI
5:03

30. Juli 2014

Schallershofer Straße

Max Trapper belegt Erdbeerkuchen. Der neunjährige Nachwuchsbäcker ist an seinem ersten Ferientag (!) um halb drei Uhr – „2.37 Uhr, um genau zu sein!" – aufgestanden und steht seit 3 Uhr in der Backstube – und das alles absolut freiwillig! Er freut sich auch darauf, in den kommenden zwei Wochen so früh aufzustehen und zu seinem Vater und der Belegschaft rüber in die Backstube zu laufen, zu einer Stunde, in der wohl alle seine Klassenkameraden und Spielgefährten noch süß träumen. „Dann fahren wir in Urlaub und dann habe ich noch zwei Wochen in der Backstube, bevor die Schule wieder losgeht! Es macht einfach Spaß, Sachen zu backen. Warum kann ich gar nicht sagen", erklärt Max und schiebt ein weiteres Blech mit Erdbeerkuchen in den Rollwagen. In wenigen Minuten werden Vater und Sohn aufbrechen, um die Ware auszuliefern. „Und so gegen 12 Uhr lege ich mich für zwei Stunden noch einmal schlafen, und dann gehe ich raus zum Spielen." Keine Frage, von Max werden wir noch hören.

DO
5:56

31. Juli 2014

Hugenottenplatz

Oktay Karadag hat noch vier Minuten bis seine Schicht endet. Zwar ist er der erste in der Reihe der Taxifahrer am Standplatz, aber „die Nacht von Dienstag auf Mittwoch ist immer ruhig. Da kann es sein, dass man in der Stunde nur einen Umsatz von 5 € hat. Und davon bekommt dann der Chef 3 €. Taxifahren ist nachts ein absolutes Glücksspiel!" Trotzdem macht ihm sein Beruf Spaß: „Taxifahren ist toll, da erlebst du was, die unglaublichsten Sachen!" Einmal kam ein Mann ins Taxi mit dem Wunsch, zu seiner Frau gefahren zu werden, um sie zu erschießen. „Ich dachte der Mann lügt, habe aber trotzdem heimlich die Polizei gerufen." Die kam dann auch prompt zum Haus der beiden, nahm den Mann mit aufs Revier, und die Ehefrau gab Oktay Karadag das Geld. „Meistens fahre ich aber nachts Geschäftsleute zum Flughafen, das ist weniger aufregend", sagt er, faltet seine Zeitung zusammen und fährt nach Hause. Endlich Feierabend.

SO
5:46

3. August 2014

Europakanal

Arnold Graef bereitet Bojen vor. In etwas mehr als drei Stunden startet der traditionelle Erlanger Triathlon mit der ersten Disziplin, dem Schwimmen über 2.000 Meter. Wie auch in den sechs Jahren zuvor wird Arnold Graef als ehrenamtlicher Helfer in Zusammenarbeit mit der DLRG die Schwimmstrecke so präpariert haben, dass wirklich alle Starter in die gleiche Richtung schwimmen. Arnold Graef war bis vor fünf Jahren selbst noch ein aktiver Triathlet und hat bei seinen eigenen Wettkämpfen so viel Unterstützung erfahren, dass es doch „logisch ist, dass man dann auch etwas zurückgibt. Außerdem liebe ich diese morgendliche Stille am Kanal, das hat einfach etwas sehr Entspannendes. Ich könnte auch um sieben Uhr anfangen aufzubauen, aber je früher man draußen ist, desto mehr Spaß macht es."

MI
5:45

6. August 2014

Dorfstraße

Jörg Güthlein schöpft halbe Sauköpfe im Dutzend aus dem großen Kessel. Insgesamt 100 halbe Schweinehäupter werden für die traditionelle Schlachtschüssel benötigt, die an diesem Mittwoch die Büchenbacher Kirchweih eröffnen wird. Jörg Güthlein ist Metzgermeister in der vierten Generation. Eigentlich hatte er Koch werden wollen und sah die Metzgerlehre zunächst nur als „Durchgangsstation". „Doch dann bin ich dabei geblieben, weil es einfach so viel Spaß macht – man kann so unglaublich kreativ sein. Die Anzahl der Lebensmittel aus Fleisch ist ja schier unbegrenzt, und man kann so viel ausprobieren; wenn ich sehe, dass den Leuten meine Wurst schmeckt, dann bin ich glücklich", sagt er und hievt den nächsten Schwung Kesselfleisch in die dampfende Wanne. In gut drei Stunden, um 9 Uhr, beginnt die Kirchweih. Man bekommt schon Hunger.

SA 5:45 | **9. August 2014**
Waldgrundstück bei Adelsdorf

Jochen Kämpf wartet. In aller Herrgottsfrühe, um kurz nach 4 Uhr, ist der Jäger aus Erlangen in Richtung Adelsdorf aufgebrochen. Deutlich vor Sonnenaufgang hat er auf seinem überraschend komfortabel ausgestatteten Hochsitz auf einer Waldlichtung Quartier bezogen. „Zum Schuss kommt man nur rund jedes vierte oder fünfte Mal. Manchmal sieht man gar kein Wild, manchmal kommt welches, aber es ergibt sich kein Schuss", sagt Kämpf und wirkt kein bisschen traurig. „Das Warten gehört dazu. Man genießt die Ruhe, das grüne Gras, die frischen Blätter, den Geruch des Waldes. Wenn man hier sitzt, ohne Smartphone, ohne Ablenkung und ohne Alltagsstress, kommen und gehen die Gedanken. Das ist wie ein paar Stunden Urlaub", sagt er. Nur Sekunden später springt ein stattlicher Rehbock heran. Hohes Gras versperrt die Sicht auf die lebenswichtigen Organe. Kämpf legt noch nicht einmal an. So ziehen alle weiter – der Rehbock zurück in den Wald, Jäger Kämpf nach Hause zur Frau. Alle sind glücklich.

MI 5:15 | **10. September 2014**
Marie-Curie-Straße

Dieter Ulm bereitet sich auf den Tag vor. Seit 4.30 Uhr sitzt der Bau-Ingenieur an seinem Schreibtisch, davor war er noch ein paar Bahnen schwimmen – wie jeden Morgen. „Anfangs bin ich so früh aufgestanden, weil ich etwas von meinen Kindern haben wollte. Als Inhaber eines Ingenieurbüros mit großer Mitarbeiterzahl hat man keinen Acht-Stunden-Tag. Es war mein Ziel, ab 17.30 Uhr nur für die Kinder da zu sein," erklärt er bei der zweiten Tasse Kaffee des Tages. „Das hat sich dann so eingespielt und jetzt wache ich immer zwischen 3.45 und 4.15 Uhr auf. Ohne Wecker." So kann er sich in vollkommener Stille ausgeruht und konzentriert auf die Termine des Tages vorbereiten: die erste Konferenz mit Kunden um 7 Uhr, danach mit dem Auto nach Herzogenaurach und später nach Nürnberg. Das alles hat einen günstigen Nebeneffekt: „Als Chef sollte man unbedingt vor den Angestellten im Büro sein."

DO 5:50 | **11. September 2014**
Siemensstraße, Forchheim

Fritz Feiler macht Fotos vom Baufortschritt auf der Großbaustelle seines Erlanger Arbeitgebers MAUSS BAU. Nördlich der Hugenottenstadt entsteht unter Verwendung von 35.000 m³ Stahlbeton ein neues Gebäude der Siemens AG. Ab 5 Uhr rollen die Beton-Mischer auf das Gelände, jeder von ihnen fasst gut 7,5 m³ des grauen Baustoffs. Das ergibt in der Bauzeit des Rohbaus von April bis Dezember 2014 über 4.500 LKW-Anfahrten. „Der Beton kommt aus zwei Werken im Umkreis. Um kein Verkehrschaos auszulösen, legen wir vor dem dichten Frühverkehr los", sagt der Polier. Er selbst ist morgens der Erste. Der fünfgeschossige Bau erfordert ständige Aufmerksamkeit. Eine Zeitlang habe er auch beim Tiefbau gearbeitet. Aber: „Sagt man, man habe die Kanäle in der Münchner Straße gelegt, interessiert das niemanden. Bei so einem gewaltigen Projekt ist das anders. Dafür stehe ich gerne früh auf."

FR 5:50 | **12. September 2014**
Wasserwerkstraße

Willibald Igel (re.) lässt sich die Ereignisse der Nacht berichten. Im Erlanger Wasserwerk, etwas versteckt im Wald direkt am Regnitzgrund, laufen die Fäden der Erlanger Trinkwasserversorgung zusammen. Auf mehreren Bildschirmen sind, verpackt in komplexe Abkürzungen und Symbole, die Druckverhältnisse in den Wasserleitungen von Stadtgebiet und Landkreis dargestellt. Der Wasserdruck darf nur innerhalb gewisser Parameter schwanken, deshalb nimmt der Diensthabende niemals den Blick von den Schirmen. Heute allerdings erwartet Igel keinen erhöhten Wasserbedarf am Morgen – draußen herrscht trübes Regenwetter: „An heißen Sommertagen, wenn viele Menschen nach dem Aufstehen duschen, merken wir das deutlich und müssen manchmal reagieren", sagt Igel, der Erlangen seit 33 Jahren mit Wasser versorgt. Auch wenn mit den Jahren viele Handgriffe Routine geworden sind, Willibald Igel weiß, wie wichtig seine Arbeit ist: „Auf Vieles könnte man verzichten, aber ohne Wasser geht nix!"

FR 5:33 | **19. September 2014**
Schuhstraße

Frank Lehner schaut sich um. Soeben hat der Hausmeister die Alarmanlage der großen Universitätsbibliothek in der Schuhstraße deaktiviert. Würde er dies nicht tun, würde der erste Mitarbeiter nur wenige Minuten später einen großen Alarm auslösen. Diese Sicherheitsvorkehrungen kommen nicht von ungefähr. Lehner ist umgeben von literarischen Zeugnissen längst vergangener Jahrhunderte, zusammengefasst in der zwei Tage zuvor eröffneten Ausstellung „Fränkische Astronomen der Neuzeit" mit zahlreichen originalen Handschriften und Stichen. Frank Lehner lässt den Geist vergangener Zeiten nicht lange auf sich wirken: Nur ein schneller Blick, ob alle Kostbarkeiten noch unversehrt dort liegen, wo sie hingehören, und schon geht es weiter mit dem Lieferwagen zur Postverteilstelle im Erlanger Süden. Vier Millionen Bücher lagern in der Bibliothek. Auch wenn so manches kostbare Kleinod darunter ist, macht ihn nur der Gedanke an den Einbruch von Wasser schlaflos: „Während des Umbaus hatten wir hier die eine oder andere Überschwemmung. Das war jedes Mal ein echter Albtraum!"

SA 5:06 | **20. September 2014**
Martin-Luther-Platz

Alexander Jordan rechnet. Er hat gerade den ersten Teil der Geburtstagsfeierlichkeiten seines Clubs „Gummi Wörner" hinter sich gebracht. Gegen 3 Uhr haben die letzten Gäste das ehemalige Gummiwaren-Fachgeschäft verlassen. Jetzt, da auch die gesamte Mannschaft nach Hause gegangen ist, sitzt der Chef alleine am Tresen und prüft, ob für den kommenden Samstagabend noch genügend Getränke vorrätig sind. Der Club hat sich in den vergangenen Jahren gegen allerlei Widerstände durchgesetzt und sich im Lauf der Zeit ein treues Stammpublikum erkämpft. „Der Club macht Spaß. Ich habe nicht wenige Menschen vor dem Austrocknen bewahrt", lacht Jordan, „was aber nicht heißt, dass ich nicht auch noch andere Pfeile im Köcher habe. Das Leben ist kurz. Man muss die Dinge einfach ausprobieren. Der Rest kommt von selbst", sagt er, steht auf und schaltet das Licht aus. Die Party geht bald weiter.

MO 5:08 | **22. September 2014**
Bayreuther Straße

Sebastian Otzelberger horcht. Der Klärwerkstechniker weiß genau, wie sich die Pumpen anhören müssen, damit es bei der Klärung des Abwassers von gut 270.000 Menschen im Einzugsgebiet der Erlanger Kläranlage keine Probleme gibt. „Computer und Messsonden in den einzelnen Bereichen geben zwar wichtige Auskünfte, den Menschen kann der Computer hier nicht ersetzen. Hier muss man schon selbst nachschauen", sagt Otzelberger. Zu jeder vollen Stunde läuft er zwischen den verschiedenen Becken hindurch, entlang der verschiedenen, hoch komplex wirkenden Rohrsysteme. Der 5-Uhr-Rundgang ist für ihn der letzte der Nacht. Otzelberger ist mit den Erlanger Entwässerungsbetrieben aufgewachsen, wurde hier in jungen Jahren zum Industriemechaniker ausgebildet und übernommen. Seit zehn Jahren ist er begeistert dabei: „Es ist nie langweilig – auch nicht um 5 Uhr."

FR 5:45 | **26. September 2014**
Spinnereistraße

Reimund Wadl ist angespannt. Kurz vor seinem Schichtbeginn um 5.30 Uhr ist die Gasturbine 1, ein Herzstück der Erlanger Stadtwerke und damit der Energieversorgung der Hugenottenstadt, unvermittelt ausgefallen. Die Erlanger Bürger bekommen von diesem Störfall nichts mit. Die Energienetze sind mehrfach abgesichert und für Notfälle an andere Versorger gekoppelt. Weit gefehlt, wer denkt, Wadl würde nun mit Schraubenschlüssel und Hammer in Richtung Turbine losstürmen: „Liegt ein mechanischer Schaden vor, wenden wir uns an den Hersteller, der im Rahmen der Wartungsverträge schnell ein Expertenteam schickt", erklärt Wadl. Und so versuchen der Schichtleiter und sein Team über die Schaltbilder an den diversen interaktiven Monitoren die Situation schnell in den Griff zu bekommen und die Turbine wieder hochzufahren – was um 5.59 Uhr gelingt. Wadl atmet durch, der Tag kann beginnen.

FR 5:19 | **03. Oktober 2014**
Fuchsenwiese, E-Werk

Marie Tusche schreitet über die leere Tanzfläche. Vor 19 Minuten ist eine weitere der sehr populären „Return of the 90s"-Parties zu Ende gegangen, die jeweils bis zu 2.000 Besucher anziehen. Marie Tusche war als Abendverantwortliche für den gesamten Ablauf zuständig – und auch dafür, dass um Punkt 5.15 Uhr der letzte Gast am Ausgang verabschiedet werden konnte. Gleich wird der private Sicherheitsdienst wie immer mit Applaus verabschiedet. Der Abend ist wieder einmal ohne Aufregung zu Ende gegangen, was bei Veranstaltungen dieser Größenordnung nicht selbstverständlich ist. Besonders heikel ist die Zeit zwischen 2 und 3 Uhr morgens. Für Marie Tusche „unsere Psychostunde. Das ist dann der Moment, wo bei vielen Gästen der Alkohol voll einschlägt. Da muss man Ruhe bewahren, freundlich bleiben, aber auch konsequent sein", sagt sie und freut sich auf zu Hause, wo „ich noch ein bisschen im Garten rumsitze und Unkraut zupfe. Das holt mich wieder runter und ich kann gut schlafen."

MO 5:34 | **6. Oktober 2014**
Paul-Gossen-Straße

Benny Baten hat es eilig. Damit auch die Frühaufsteher zu ihrem Frühstück kommen, ist er als Fahrer für die Erlanger Traditionsbäckerei „Der Beck" fast die gesamte Nacht im Einsatz. Um 2 Uhr morgens belädt er seinen LKW zum ersten Mal und fährt zu acht noch geschlossenen Filialen, wo die Fachverkäufer die belegten Imbisse vorbereiten. Mit der zweiten Tour, die um kurz vor 5 Uhr startet, folgen Brötchen, Brote und Teiglinge. Eile ist geboten, denn im Idealfall soll zwischen Ofen und Theke weniger als eine Stunde liegen. Das Filialnetz von „Der Beck" ist riesig: Rund 25 LKW belieferten im Oktober 2014 immerhin 147 Filialen zwischen Bamberg, Schwabach, Höchstadt und Regensburg. Baten genießt die beiden frühen Touren. Die dritte und letzte Tour des Tages beginnt gegen 7.30 Uhr mitten im Erlanger Frühverkehr. Danach – so gegen 10 Uhr – ist Schluss für Baten. Dann geht es heim. Duschen, frühstücken und ein bisschen schlafen, aber nur bis die Kinder aus der Schule kommen: „Darauf freue ich mich jeden Tag!"

SO 5:19 | **12. Oktober 2014**
Stintzingstraße

Heiko Beyer komponiert – keine Musik, sondern den Internet-Trailer für das in wenigen Wochen beginnende Erlanger „Fernweh-Festival", das er vor einigen Jahren mitgegründet hat. Heiko Beyer arbeitet gerne die Nächte durch, kein Telefon klingelt, keine E-mails gehen ein: „Durch meinen Beruf als Reisefotograf habe ich ohnehin kaum einen ordentlichen Tag-Nacht-Rhythmus. Ich schlafe, wenn ich müde bin und arbeite, wenn ich nicht müde bin." Tatsächlich genießt er die Zeit am Schreibtisch genauso sehr wie die Tage und Wochen, in denen er durch die Weiten Südamerikas oder die vulkanischen Höhen Islands reist. Mit seiner Firma „Vision 21" vermarktet der professionelle Fotograf seine eigenen Multimedia-Shows bundesweit. Perfekte Bilder sind da ein Muss. „Wenn ich an die letzte Island-Grönland-Tour mit fast fünf Wochen Dauerregen denke, sitze ich nochmal lieber am Bildschirm."

MO 5:46 | **13. Oktober 2014**
Amselweg, Möhrendorf

Martina Stamm-Fibich lädt ihren Koffer ins Auto. Um 8.10 Uhr wird sie im Flieger von Nürnberg nach Berlin sitzen und ihre Heimatzeitung lesen, die sie gerade aus dem Briefkasten geholt und jetzt locker unter dem Arm klemmen hat. Danach wird sie die Details für die Sitzung des Petitionsausschusses durchgehen, die nur knappe drei Stunden später im Berliner Reichstag beginnt. Als Bundestagsabgeordnete pendelt sie zwischen ihrem Wahlkreis und der Hauptstadt hin- und her. „Mein nächster Wahlkreistermin ist am Freitag in der Eichendorffschule. Dazwischen eile ich sprichwörtlich von Termin zu Termin", sagt sie und zeigt lachend den eindrucksvoll gefüllten Terminplan. „Da sind nicht einmal die regulären Bundestagssitzungen dabei! Gerade in Doppelsitzungswochen ist es hart, aber es macht viel Spaß", sagt die Abgeordnete und klappt den Kofferraum zu. Die Hauptstadt wartet.

**MO
5:33**

20. Oktober 2014
Schwabachanlage, Kopfklinik

Carola Hofmann lässt auf der Psychiatrischen Station P21 der Uniklinik Erlangen die Nacht Revue passieren. In den sogenannten „Kurven" werden die aktuellen Befunde der Patienten festgehalten und der Krankheits- bzw. Genesungsverlauf dokumentiert. Doch die Krankenschwester hat nicht viel zu notieren, „die Nacht war ruhig." Das ist nicht immer so. Nachts lassen viele Patienten die Gedanken kreisen. Hilfe suchen sie auch bei Schwester Carola, aber „bei allem Verständnis kann man nicht ewig zuhören. Irgendwann müssen die Patienten auch in den Schlaf finden." Jetzt herrscht Stille auf der Station. Es ist Carola Hofmanns dritter Nachtdienst hintereinander, jetzt hat sie ein paar Tage frei. In gut eineinhalb Stunden wird sie mit der Familie am Frühstückstisch sitzen und dann ein paar Stunden schlafen, aber nur bis Mittag: „Sonst finde ich abends selbst nicht in den Schlaf."

**MI
5:18**

22. Oktober 2014
Universitätsstraße

Sabine Schmidt nutzt die Zeit. Bislang war es eine ruhige Nacht für die junge Hebamme im Kreißsaal der Frauenklinik am Universitätsklinikum. Gerade liegen drei Wöchnerinnen an Wehen-Schreibern und warten darauf, dass die Wehen noch regelmäßiger kommen. „Ob bis 7 Uhr, wenn ich nach Hause gehe, noch ein Kind auf die Welt kommt, müssen wir sehen. Vorhersagen kann man das nicht", lacht die Hebamme. Man spürt ihre große Begeisterung für den Beruf: „Es ist jedes Mal ein Erlebnis, wenn ein Baby auf die Welt kommt – immer anders und wunderschön."

Ihr persönliches Geburtenbuch weist bislang rund 300 Entbindungen auf, und auch ihr Terminplan ist immer gut gefüllt. Wenn sie nach Hause kommt, müssen drei Stunden Schlaf reichen. Nachmittags geht es weiter mit den privaten Nachsorgeterminen und den Kursen, die sie werdenden Müttern auf freiberuflicher Basis gibt. Und obwohl sie gerade sieben Nachtdienste hintereinander absolviert hat, beginnt nach nicht einmal 48 Stunden der nächste Dienst, Frühschicht ab 6.30 Uhr, wieder sieben Mal hintereinander, Begeisterung inklusive.

**SA
5:53**

1. November 2014
Artilleriestraße

Yvonne Wernet trainiert. Regelmäßig schwingt sie sich im XXL-Fitnessstudio erst auf den Stepper und stemmt dann die Gewichte an den Geräten. „Um diese Zeit bin ich mit meinem Programm eine halbe Stunde schneller durch als sonst, weil die Wartezeiten wegfallen." Frühsport sei „ihr Ding". Außerdem schätze sie die „ruhige Atmosphäre". Sagt es und hört – den Feueralarm! Der Nachtportier hatte im Sozialraum versucht, Kastanien zu rösten und dabei den Ofen überhitzt. Dichte Rauchschwaden kommen aus der Küche. Und in die drei außer uns anwesenden Sportler kommt kurzzeitig noch etwas mehr Bewegung. Yvonne Wernet trainiert ruhig weiter. Spätestens um 7 Uhr wird sie wieder zu Hause sein, sich um das Frühstück kümmern, die Familie in den Tag verabschieden und selbst beschwingt in den Tag starten. „Am liebsten mit einer Latte Macchiato als Belohnung, schön süß und blond."

**MI
5:32**

5. November 2014
Goethestraße

Karin Grune zapft eines der letzten Biere der Nacht. Seit elf Jahren arbeitet sie als festangestellte Kellnerin und Köchin im „Schwarzen Ritter" – von Dienstagabend bis Samstagmorgen. Der „Schwarze Ritter" ist Erlangens letzte Gaststätte mit einer Nachtkonzession, die Öffnungszeiten von 22 Uhr bis 6 Uhr in der Woche und bis 7 Uhr morgens am Wochenende erlaubt. Die Eckkneipe ist Anlaufpunkt für alle Menschen, die nachts nicht zu Hause sein wollen oder können. Ihr Alkoholpegel ist meist eher hoch, gesprochen wird mal über Weltpolitik, mal über persönliche Niederlagen. Als die Kamera auf den Tresen gelegt wird, huschen alle eilig zur Seite – außer Karin Grune, der die Arbeit Spaß macht. Man müsse sich einiges anhören, dennoch könne sie gut abschalten: „Morgens falle ich gleich ins Bett. Da ich meinen Rhythmus auch an den freien Tagen halte, komme ich nicht aus dem Takt."

DI **11. November 2014**
5:11 Hauptbahnhof

Markus Friedrich schließt sein Fahrrad auf, das er am Vortag wie immer an der gleichen Stelle am Bahnhof abgestellt hat: „Sonst findet man es nicht wieder." Mit dem Drahtesel geht es weiter in den Röthelheimpark, wo er für ein kleines IT-Unternehmen die Medizintechnik-Sparte von Siemens unterstützt. Obwohl Markus Friedrich geborener Erlanger ist und die meiste Zeit seines Lebens hier verbracht hat, ist er mit Frau und Kind schweren Herzens nach Fürth gezogen – des bezahlbaren Wohnraums wegen. Neben der Arbeit sind auch viele Freunde in Erlangen geblieben. Seinem Stammtisch hält er trotz der räumlichen Distanz die Treue. Er sorgt einmal pro Woche dafür, dass es spät wird für Markus Friedrich. Am nächsten Morgen steht er trotzdem wieder ganz früh auf.

SA **15. November 2014**
5:39 Vierzigmannstraße

Jürgen Brunner belädt seinen Transporter. Die Traditionsmetzgerei „Brunner" hat in den letzten Jahren expandiert und Jürgen Brunner muss nun jeden Morgen fünf Filialen beliefern – zusätzlich zum eigentlichen Kerngeschäft. Das Wurstmachen beginnt für den Metzgermeister und seine Mitarbeiter bereits nachts um 1 Uhr. „Der einzige Vorteil, den wir gegenüber den Supermärkten noch haben, ist diese eine Nacht Vorsprung, die zugleich eben jene schmackhafte Frische bedeutet, für die viele Kunden gerne einen höheren Preis zahlen." In anderen Bundesländern haben längst die großen Lebensmittelmärkte mit abgepackten und durch Begasung haltbar gemachten Fleischprodukten aus der Massenproduktion das Regiment übernommen. Für Jürgen Brunner ist diese Entwicklung eher Ansporn als Grund zum Bangemachen. Er arbeitet gegen den Trend: „Viele junge Leute wissen heute gar nicht, wie gut richtig frische Wurst schmeckt. Erst wenn sie probieren, lernen sie den Unterschied zu schätzen. Daran muss man arbeiten!"

DI **18. November 2014**
5:40 Allee am Röthelheimpark

Andreas Vogel kommt an. Wie jeden Morgen – außer bei Regenwetter – hat sich der Siemens-Mitarbeiter in Bruck dick eingemummelt und auf sein Fahrrad geschwungen. „Ich fange gerne früh an. Je früher die Zeit, desto mehr Arbeit bekomme ich geschafft", sagt er, während er sein Fahrrad in den bereits gut gefüllten Fahrradständer schiebt. In der Tat, der Healthcare-Komplex ist bereits hell erleuchtet. An jedem Eingang stehen Mitarbeiter, die noch eine letzte Zigarette rauchen oder sich eine letzte Geschichte des Vortags erzählen. Und zu erzählen gibt es viel. Frühaufsteher erleben offensichtlich mehr. „Das ist bei mir auf jeden Fall so", sagt Andreas Vogel. „Wenn alles gut läuft, kann ich um 15 Uhr nach Hause gehen und habe den ganzen Tag vor mir", sagt Andreas Vogel, hält seinen Mitarbeiterausweis vor das Lesegerät und entschwindet hinter der dicken Glastür.

SA **29. November 2014**
5:04 Hauptstraße

Karl Mühlrath alias DJ Karlito packt seine sieben Sachen. Soeben ist seine Party im Studentenclub „Zirkel" zu Ende gegangen. Zusammen mit seinem Namensvetter DJ Carlito hat er ein Doppelevent organisiert, das ihn in der folgenden Nacht ins „paisley" führen wird. Seit fünf Jahren legt er als professioneller DJ auf. Während Karlito im Winter die Clubs und Diskotheken bespielt, wird er im Sommer vor allem für Hochzeiten gebucht und das mittlerweile deutschlandweit, erzählt der 25-Jährige, während er sein Equipment im Rucksack verstaut. Dabei könnte der Unterschied zwischen den Musikstilen größer nicht sein. Sein eigentliches Steckenpferd ist „Deep House". „Die Clubs, in denen man ‚Deep House' abendfüllend auflegen kann, sind rar", sagt DJ Karlito, schwingt sich aufs Rad und entschwindet in die Nacht. Vorschlafen für den nächsten Abend, wenn er endlich wieder „Deep House" spielen darf.

DI
5:06

2. Dezember 2014
Stintzingstraße

Helmut Schobert startet in den Tag. Seit 25 Jahren fährt er seine Kehrmaschine in aller Herrgottsfrühe durch Erlangen. Bei der Stadt ist er seit 1977 angestellt, hatte dort auch seine Lehrzeit verbracht und zunächst als Müllwagenfahrer angefangen. Als sich die Chance zum Wechsel auf die Kehrmaschine ergab, griff er zu und bereut den Wechsel bis heute nicht: „Im Müllwagen arbeitet man im Team, und da kommt es immer wieder zu Reibereien. Meine Sache war das nicht", sagt er und schweigt erst mal. Normalerweise hört er Radio und ist mit sich und seinen Gedanken alleine. „Die Strecke ist immer die gleiche, das fährt man automatisch. Ich bin immer wieder überrascht, wie schnell die Zeit vergeht", sagt er während das Brummen der Besen und das Schaukeln des Wagens bei 10 km/h durchaus eine meditative Wirkung haben. „Ich komme hier gut zum Nachdenken. Wenn es gegen 7 Uhr den Büchenbacher Damm entlang geht und die Leute hinter mir hupen, bekomme ich das fast nicht mit."

DI
5:58

9. Dezember 2014
Spardorfer Straße

Michael Bräuer wischt. Der Hausmeister auf dem Vereinsgelände des „Turnerbunds 1888 Erlangen" ist in Eile. Am Vorabend waren die Trainingsgruppen wie immer bis 23 Uhr im Haus, danach folgte der letzte Rundgang. Und jetzt ist er gemeinsam mit seiner Frau seit kurz nach 5 Uhr auf den Beinen, damit bis zum regulären Trainingsbeginn um 8 Uhr alle Einrichtungen so sauber sind, wie die Vereinsmitglieder sie gerne vorfinden wollen. So bleibt morgens meist nur Zeit für eine schnelle Tasse Kaffee – auch wenn sich die Hausmeisterwohnung direkt auf dem Vereinsgelände befindet. Was nicht nur Vorteile hat, wie Bräuer findet: „Natürlich bin ich so immer schnell vor Ort und habe keine weiten Wege, wenn rasch Hilfe gebraucht wird. Allerdings ist auf so einem großen Gelände immer etwas zu tun." Wann die Familie den letzten Sonntagsbraten von Anfang bis Ende in Ruhe genießen konnte? Daran kann sich Michael Bräuer nicht erinnern. Trotzdem sagt er: „Hier zu arbeiten, das ist eigentlich ein Traumjob!"

MI
5:55

10. Dezember 2014
Bohlenplatz

Ute Mendyk kassiert. Die Apothekerin absolviert seit 2005 die nächtlichen Notdienste in der Apotheke am Bohlenplatz. Einmal pro Woche bezieht sie ihr Nachtlager im Nebenzimmer des Verkaufsraums und weiß, dass sie nicht durchschlafen wird. Auch in dieser Nacht ist sie dreimal wachgeklingelt worden. Die Kasse hat die Daten gespeichert, sie selbst kann sich an die Zeiten nicht mehr genau erinnern. 0.20 Uhr, 0.59 Uhr und 2.11 Uhr. Zweimal waren es wichtige Medikamente, die nachgefragt wurden, die Kundin um kurz vor 1 Uhr brauchte Magnesium-Tabletten zum Auflösen gegen Wadenkrämpfe. Ute Mendyk muss schmunzeln, als sie das erzählt, weiß aber auch, dass die immer erreichbare Apotheke vielen Menschen in dunkler Nacht ein Gefühl der Sicherheit gibt. „Die meisten wissen diesen Service sehr zu schätzen. Einige bedanken sich bei mir, dass ich ihnen helfe. Das gibt mir ein gutes Gefühl."

DO
5:40

11. Dezember 2014
Holzgartenstraße

Annemarie Lis packt ihre Tasche. Es ist Dezember, Grippezeit. Und auch ihr Personal ist vor den Viren und Bakterien nicht gefeit. Jeder Ausfall bedeutet für sie als Inhaberin des privaten Pflegedienstes „Hygieia", dass ihr ohnehin schon dichter Tag noch voller wird. Normalerweise füllt sie ihre Arbeitsstunden zwischen 5 und 18 Uhr damit, ihre neun Mitarbeiter einzuteilen und zu unterstützen, Telefondienste zu über- und Notrufe entgegenzunehmen, teilweise mitten in der Nacht. Freizeit sei rar, gesteht Annemarie Lis. „Bei der Firmengründung vor fünf Jahren wusste ich, was das Wort ‚selbständig' bedeutet: Man macht alles selbst und das ständig", lacht sie. Zufrieden ist sie trotzdem: „Ich wollte Menschen auf die Art pflegen, wie ich es selbst für gut halte. Und würde es wieder tun."

SA | **20. Dezember 2014**
5:38 | Frauenauracher Straße

Ilona Hübschmann stellt den Spiegel ein. In wenigen Minuten wird die Berufskraftfahrerin das Bus-Depot der Erlanger Stadtwerke (ESTW) verlassen und mit ihrer Linie 288 den Fahrplan-Betrieb aufnehmen. Dicht geparkt stehen hier die Busse hintereinander, von der Nachtschicht voll betankt und sehr ordentlich gereinigt. Die städtischen Busfahrer haben kein eigenes Fahrzeug, die Schichtleitung teilt die Busse zu. Ilona Hübschmann freut sich auf ihre Schicht, die sie mehrfach quer durch das Stadtgebiet führen wird. „Man weiß nie, was der Tag bringt", lacht Ilona Hübschmann. Sie liebt ihren Beruf. Manchmal beschert er ihr sogar mütterliche Gefühle – etwa wenn sie morgens an den Haltestellen eingeschlafene Nachtschwärmer weckt, mitnimmt und an den Zielhaltestellen wieder weckt. „Freundlichkeit ist wichtig. Wie man in den Wald hineinruft, so kommt es zurück!"

SO | **21. Dezember 2014**
5:01 | Flughafenstraße, Nürnberg

Thorsten Weber alias DJ Rewerb hat sein Set beendet. Der Erlanger Disc-Jockey hat wieder einmal im „Terminal 90", einem Szene-Club im Nürnberger Flughafen, aufgelegt und macht sich jetzt auf den Heimweg. Obwohl das Publikum am Vorabend sehr gemischt und damit schwierig war, „hat es wieder einmal Spaß gemacht", lacht Thorsten Weber. „Die Tanzfläche ist gnadenlos, sie sagt dir sofort, ob ein Lied gut ist oder nicht!" Letzte Nacht hat er nach längerer Zeit wieder einmal einen eigenen Re-Mix gespielt, der vor einiger Zeit gefloppt war, letzte Nacht aber super ankam! „Das kannst du nicht planen, ein gutes Set entsteht aus dem Dialog zwischen DJ und Publikum. Ich spiele kein Set zweimal", sagt DJ Rewerb und freut sich auf das Frühstück zu Hause und eine Mütze Schlaf. Bis zum Jahreswechsel hat er noch drei Bookings – und an Silvester bewusst frei. „Das habe ich seit zehn Jahren nicht mehr gemacht. Auf der anderen Seite zu stehen und mit den Freunden feiern – ich bin ehrlich gespannt, wie sich das anfühlt!"

DI | **23. Dezember 2014**
5:34 | Waldkrankenhaus St. Marien

Jürgen Loos stellt freundlich den ersten Anrufer des anbrechenden Tages durch. „Mir macht die Arbeit Spaß – tagsüber wie nachts", sagt der Mitarbeiter der Information als er auflegt und verschmitzt lächelt. Loos hatte vor 15 Jahren seine alte Stellung als Außendienstmitarbeiter einer Telekommunikationsfirma aufgegeben und wechselte ins Waldkrankenhaus. Seitdem ist er einer der ersten zentralen Ansprechpartner für Patienten und Angehörige. Die Information am Haupteingang ist rund um die Uhr besetzt. Es ist Jürgen Loos' zweiter Nachtdienst, der in einer guten halben Stunde zu Ende geht. Auch über Heiligabend und die beiden Weihnachtsfeiertage wird er an der Information sitzen, bis 6 Uhr morgens. Er nimmt es gelassen: „Zur Bescherung und zum Braten bin ich noch bei der Familie. Statt ins Bett, gehe ich eben zur Arbeit. Das ist in Ordnung. Die Schicht vor mir trifft es deutlich härter."

MI | **31. Dezember 2014**
5:13 | Paul-Gossen-Straße

Peter Petsch (re.) räumt. Als Vorarbeiter eines vierköpfigen Winterdienst-Trupps der Stadt Erlangen hat er an diesem Morgen viel zu tun. Heftige Schneefälle haben in den vergangenen 48 Stunden dazu geführt, dass Erlangen aussieht wie eine Zuckerbäcker-Stadt. Doch Romantik kommt bei Peter Petsch und seinen Leuten nicht auf. Um 4.15 Uhr kam die Alarmierung, alle rund 130 zur Verfügung stehenden Kräfte mussten sich bei der Winterdienst-Zentrale in der Stintzingstraße einfinden. Vier bis viereinhalb Stunden dauert eine Schicht, teilweise rücken die Arbeiter zweimal am Tag aus. „Da werden die Arme lang!", sagt Peter Petsch, der sonst bei der Abteilung Stadtgrün arbeitet – und auch da viel zu tun hätte: „Im Winter schneiden wir die Hölzer zurück, wenn kein Schnee liegt." So aber steht er am Straßenrand, immer auf der Hut, nicht in den Verkehr zu geraten, schiebt, schippt und streut. „Zu Hause räume ich nicht. Das erledigen meine Frau oder mein Sohn", lacht er. Rund vier Stunden hat er noch vor sich.

SEITE 52 – 55

DI 5:25 | **6. Januar 2015**
Ulmenweg

Andreas Neumeier telefoniert. Ein Angehöriger erkundigt sich nach einem Patienten. Auf der Station D2-4 der Medizinischen Klinik 5 im Internistischen Zentrum der Uniklinik Erlangen am Ulmenweg wird der Krebs bekämpft – rund um die Uhr. Pfleger Andreas Neumeier feiert im kommenden Sommer sein 25-jähriges Berufsjubiläum: „Auch wenn es manchmal ein harter Beruf ist, ich würde ihn immer wieder ergreifen", sagt er und hält inne. Auf einer onkologischen Station geht es für die Patienten oft um alles. „Gut ist es, wenn man einen Patienten nicht wiedersieht", sagt er nachdenklich. „Wenn es ein Wiedersehen gibt, dann meist wegen eines Rückfalls." Andreas Neumeier muss dabei spontan an eine Frau denken, die ihren Mann an den Krebs verloren hat und dem Stationsteam seit zehn Jahren an jedem Todestag einen Geschenkkorb vorbeibringt. Für das, was man für ihn tat. Solche Gesten sind eher selten, aber „Dankbarkeit erfahren wir jeden Tag, von Patienten und Angehörigen. Das gibt der Arbeit Sinn."

DI 5:37 | **13. Januar 2015**
Universitätsstraße

Lothar Schwarz richtet das Licht ein. In gut zwei Stunden ist die erste Operation des Tages in der Erlanger Frauenklinik angesetzt. Da die Patientin auf der linken Körperseite operiert wird, kann der OP-Pfleger die hellen Lichtstrahler bereits auf die richtige Stelle richten. Wenn der Operateur an den Tisch tritt, lenkt kein unnützer Handgriff mehr vom Wesentlichen ab. Bereitsein ist ohnehin alles in der Frauenklinik. Während Lothar Schwarz routiniert den anbrechenden Tag vorbereitet, steht er auf Abruf und kann bei einem Kaiserschnitt binnen einer Minute im Operationssaal der Geburtshilfe stehen. „Kommt jemand von draußen herein, bleibt manchmal noch nicht einmal mehr Zeit, die Straßenkleidung auszuziehen." Für solche Fälle steht rund um die Uhr ein eigener OP-Tisch zur Verfügung, der jeden Tag aufs Neue gewissenhaft vorbereitet wird – auch wenn er nur an wenigen Tagen im Jahr zum Einsatz kommt.

DO 5:24 | **15. Januar 201**
Gebbertstraße

Für Hichem Saffar hat der Tag längst angefangen. Obwohl er schon seit 20 Jahren bei der Esso-Tankstelle in der Gebbertstraße arbeitet, ist er längst kein Tankwart mehr. „Heute verkaufe ich Zeitungen, Zigaretten, Kaffee und backe Brötchen." Aus Erlangens erster 24-Stunden-Tankstelle ist ein kleiner Supermarkt geworden. Allerdings bewährten sich die durchgehenden Öffnungszeiten nicht. Die Tankstelle liegt nun von 22 Uhr bis 4 Uhr früh im Dunkeln. „Die Zeiten haben sich geändert", sagt Hichem Saffar und blickt nachdenklich zurück in die 1990er-Jahre: „Damals arbeiteten wir immer zu zweit. Morgens ist einer von uns mit dem Fahrrad los und hat die Preise der Konkurrenz notiert. Dann haben wir das durchgegeben und unsere Preise angepasst." Heute werden die Preise aus der Zentrale gesteuert und er steht alleine hinter der Verkaufstheke, kassiert und bestückt den Backshop. Besonders an den stillen Feiertagen, wenn die Bäcker geschlossen haben, kommen die Brötchen-Kunden in Scharen. Getankt wird dabei eher selten.

SA 5:18 | **17. Januar 2015**
Hauptbahnhof

Jürgen Schlosser packt aus. Gut 1.000 verschiedene Zeitungen und Zeitschriften sind an diesem Samstag geliefert worden und müssen im Bahnhofskiosk bis zur Ladenöffnung um 6 Uhr sortiert und griffbereit an ihren Plätzen sein. Seit 32 Jahren arbeitet Jürgen Schlosser hier und hat es trotz einiger Inhaberwechsel nicht bereut: Ich brauche Bewegung und den Kontakt zu Menschen!" Auch an diesem frühen Morgen ist wieder einiges geboten am Bahnhof. Zahlreiche Nachtschwärmer sind auf dem Heimweg, die letzte Büchse Bier noch in der Hand. Jürgen Schlosser sortiert konzentriert weiter. Die Zeit drängt. „Es gibt nicht mehr so viele Stammkunden wie einst. Ich schätze, viele von ihnen sind schon in Rente und haben keinen Weg zur Arbeit mehr, der sie zum Bahnhof bringt. Die Jüngeren lesen die Zeitung – wenn – im Internet."

DO | **22. Januar 2015**
5:43 | Weiße Herzstraße

Mandy Opitz verteilt Schlüssel. Wenn die „Frankenschwestern" des gleichnamigen Pflegedienstes in wenigen Minuten ausschwärmen, müssen sie manche Haustüren selbst aufsperren – nicht überall stehen die Angehörigen Gewehr bei Fuß, um Mandy Opitz und ihre 37 Mitarbeiter und Mitarbeiterinnen bei der Pflege zu unterstützen. Vor gut zweieinhalb Jahren hat sich Mandy Opitz selbständig gemacht – mit nur zwei Mitarbeiterinnen und keinem einzigen Patienten. Heute kümmern sich mehr als drei Dutzend „Frankenschwestern" um 175 pflegebedürftige Menschen. In Einzelfällen bis zu fünfmal am Tag. Die kleine Basis im Herzen der Hugenottenstadt gleicht am frühen Morgen einem Taubenschlag. Die Mitarbeiter trudeln ein, ziehen sich um, werden für den Tag gebrieft und geben selbst die Erfahrungen des Vortags weiter. Kein Wunder also, dass die kleine Wohnung, in der die „Frankenschwestern" begonnen haben, längst zu klein und der große Umzug in den Vorort nach Bruck längst beschlossene Sache ist.

MI | **28. Januar 2015**
5:29 | Frauenauracher Straße

Jolanta Sentürk prüft Platinen. Im Siemens-Gerätewerk an der Frauenauracher Straße stehen die Maschinen niemals still – im Drei-Schicht-Betrieb werden hier unter anderem Leiterplatten gefertigt, die beispielsweise in Haushaltsgeräten verbaut rund um die Welt reisen. Jolanta Sentürk arbeitet seit 1992 in der modernen Fertigungshalle und würde sich wohl wieder für diesen Arbeitsplatz entscheiden, wenn sie noch einmal die Wahl hätte. „Sicher ist die Arbeit irgendwann zur Routine geworden, aber wir haben hier ein tolles Team und ich bin gerne auf den Beinen. Ein Stuhl am Schreibtisch wäre sicher nichts für mich", sagt sie, während der prüfende Blick weiterhin auf den kleinen grünen Platten liegt, die den Fertigungsautomaten im Zehn-Sekunden-Takt verlassen. Noch eine halbe Stunde, dann endet die Schicht und Jolanta Sentürk fährt zum Frühstück nach Hause.

SO | **8. Februar 2015**
5:37 | Münchener Straße

Claus Pannecke macht dicht. Der Sportland-Fasching 2015 liegt in den letzten Zügen und der langjährige Chef-Organisator lässt die letzte der drei Tanzflächen räumen, auf denen die letzten Feierwütigen noch einmal alles geben. Das Faschings-Ende am Sonntagmorgen funktioniert nach dem rauen englischen Pub-Prinzip: Licht an, Musik aus – und auch wenn es in den Augen weh tut und die laute Musik als lautes Summen in den Ohren nachhallt: „Irgendwann muss auch mal Schluss sein!" Pannecke ist da unerbittlich. Zumal für ihn selbst noch lange nicht Schluss ist. Obwohl er seit 7 Uhr des Vortags auf den Beinen ist, wird er sein eigenes Bett nicht vor 16 Uhr wiedersehen. Denn schließlich schließt das Sportland wegen des Faschings nur für 48 Stunden die Pforten. Am Montag um 8 Uhr sieht alles aus wie immer; Maler, Elektriker und das Team um Claus Pannecke sind wahre Tatort-Reiniger. Freut er sich schon auf den Fasching 2016? „Wenn Sie mich in fünf Tagen nochmal fragen, dann ist das schon möglich."

DI | **10. Februar 2015**
5:51 | Innere Brucker Straße

Werner Krell bereitet sich vor. In gut einer Stunde wird er im nahen Bahnhof einen Zug nach München besteigen. Dort erwartet den Ausbilder von Rettungsassistenten eine Lehrplan-Konferenz am bayerischen „Staatsinstitut für Schulqualität und Bildungsforschung" (ISB). Auch wenn dieser Termin in München für Werner Krell nicht regelmäßig stattfindet, so ist das „Auspendeln" für ihn im Laufe von Jahrzehnten doch reine Routine geworden, in Erlangen arbeitet er so gut wie gar nicht mehr. Die Schule, an der er unterrichtet, ist in Lauf a.d. Pegnitz, seine Kurse führen ihn durch das ganze Bundesgebiet, zum Teil mehrere Tage hintereinander. Dabei ist Erlangen immer seine Heimat geblieben, er ist hier aufgewachsen und seine Familie hat schon immer hier gewohnt. Und Werner Krell weiß: „Erlangen ist für mich die kleinste Weltstadt der Welt und ich komme jedes Mal gerne wieder zurück!"

MO
5:43

16. Februar 2015
Gundstraße

Michael Schmoock bestückt die Bordapotheke. In wenigen Minuten beginnt die Frühschicht auf der Rettungswache des Arbeiter-Samariter-Bundes (ASB). Der Rettungswagen muss für jeden Notfall absolut gerüstet sein. Dazu gehört auch der nochmalige Check der Apotheke – nicht nur im Hinblick auf Vollständigkeit: So will auch jedes einzelne Verfallsdatum kontrolliert sein. „Bereit sein ist alles", weiß der Lehrrettungsassistent aus jahrzehntelanger Berufserfahrung. Als Zivildienstleistender ist er dazugekommen und wusste sofort, „dass dies mein Traumjob werden würde! Es macht Spaß, Menschen zu helfen, die sich selbst nicht helfen können. Ich spüre den Sinn meiner Arbeit", sagt er, verschließt den kleinen Medizinschrank und wendet sich dem Rettungsrucksack zu. „Im Laufe der Jahre hat man mit sehr vielen Menschen zu tun und erinnert sich nicht an jedes Gesicht. Doch ab und zu werde ich von ehemaligen Patienten angesprochen, die sich an mich erinnern und bedanken. Das ist ein schönes Gefühl!"

SA
5:53

21. Februar 2015
Flughafenstraße, Nürnberg

Michael Gläßel schaut sich um. Vor wenigen Minuten hat er seinen Dienst als Supervisor im Terminal-Management des Nürnberger Flughafens angetreten. Die kommenden acht Stunden wird er mit seinen Mitarbeitern dafür sorgen, dass die Abläufe rund um die Passagiere reibungslos ineinandergreifen. Dazu gehört der Bereich der Sicherheit, aber auch beispielsweise, dass Passagiere bei einem kurzfristigen Wechsel des Gates rasch und möglichst direkt zu ihrem Flugsteig finden. „Es ist ein Traumjob", sagt Michael Gläßel. „Es gibt keine Ausbildung dafür, es ist ein Anlernberuf, in den man hineinwächst", sagt das Erlanger Handball-Urgestein, das seinen Dienst am Airport vor 30 Jahren nach der Bundeswehr-Zeit aufgenommen hat. „Man erlebt abenteuerliche Situationen, und es ist der Anspruch, für jedes Problem eine schnelle Lösung finden zu müssen, der diesen Job so abwechslungsreich und spannend macht!"

SO
5:04

22. Februar 2015
Hauptstraße

Philipp Lindenau ist zufrieden. Vor wenigen Minuten hat er den international renommierten DJ Moguai vom „paisley" zurück ins Hotel gefahren. Die Nacht ist ausgezeichnet gelaufen. Das Team ist im Büro zur informellen Lagebesprechung zusammengekommen. Philipp Lindenau ist dem „paisley" seit 1992 eng verbunden, anfangs als Gast, später als Barkeeper und seit 2007 als Teil des aktuellen Inhaberteams. Und obwohl er längst einen „seriösen" Tagesberuf bei einem weltweit führenden Energie- und Elektro-Unternehmen hat, ist er ein Pionier des Erlanger Clublebens geblieben und sorgt mit seinen guten Verbindungen dafür, dass es im „paisley" guten Clubsound auf die Ohren gibt, der auch die Konkurrenz mit der Hauptstadt nicht scheuen muss. Jetzt freut er sich erstmal auf eine gute Mütze Schlaf und ein ausgedehntes Frühstück mit Kumpel Moguai um 11 Uhr, bevor es am nächsten Tag um 7.30 Uhr weitergeht. Am Schreibtisch in Nürnberg-Moorenbrunn.

DI
5:41

24. Februar 2015
Glückstraße

Dennis Topp bereitet das Frühstück vor. Der Erzieher in der Kinderkrippe „Kuschelecke" wartet auf den ersten Schützling des Tages, den zweijährigen Max, dessen Eltern in nur zehn Minuten an der Türe klingeln. Sie haben heute Frühschicht, und deshalb hat Dennis Topp heute morgen auch früh angefangen. „Das kommt eigentlich immer öfter vor", sagt er und zeigt großes Verständnis: „Wir bemühen uns, alle Wünsche zu erfüllen. Oft haben die Eltern in der heutigen Arbeitswelt keine andere Wahl. Wer würde nicht lieber selbst und in aller Ruhe mit den eigenen Kindern zu Hause am Frühstückstisch sitzen?" So springt er für die Eltern ein. Er weiß, wie sich so eine Krippe aus Kindersicht anfühlt. Vor über 20 Jahren ist er selbst Kind in genau dieser Einrichtung gewesen. Dennis Topp kehrt jeden Morgen auch zu seinen eigenen Anfängen zurück.

**MI
5:04**

25. Februar 2015
Vierzigmannstraße

Roman Gause überprüft den Sud. Der Braumeister der Brauerei Steinbach muss derzeit öfter früh aufstehen. In weniger als 100 Tagen beginnt die Erlanger Bergkirchweih, und das Festbier muss gebraut werden. Weil die normale Produktion auch in dieser Zeit parallel weiterlaufen muss, aber nicht mehr Kapazitäten zur Verfügung stehen, wird an bis zu zwei Tagen in der Woche zweimal gebraut – das Bergkirchweihbier morgens, das Storchenbier nachmittags. Jeder Brauvorgang dauert bis zu acht Stunden, je nachdem „ob die Hefe gut drauf ist", sagt Roman Gause. „Die Hefe ist ein Lebewesen und manchmal zickt sie eben ein bisschen." Das kann die Gärung verzögern. Roman Gause verzeiht ihr das gerne, schließlich ist Bier ein Naturprodukt. Gerade bei den kleineren Bieren ist es ein Qualitätsmerkmal, wenn die gleiche Biersorte nicht immer gleich schmeckt: „Das macht es spannend und hebt uns von den großen Industriebrauereien ab."

**DO
5:36**

26. Februar 2015
Fahrstraße

Horst Blahm macht fränkische Bratwurst. Seit 15 Jahren hat sich der gelernte Koch auf deren Herstellung und Zubereitung spezialisiert. Mit seiner „Bratwurst-Manufaktur" hat er sich einen alten Traum erfüllt und kann schalten und walten, wie er will. Weil er seinen Bratwürsten frische Eier zugibt, muss er jeden Morgen neu produzieren. „Rohe Eier schränken die Haltbarkeit deutlich ein. Nicht jeder mag diesen Aufwand. Aber große Mengen maschinell vorproduzieren, das ist keine Kunst", lacht er und schon verschwinden seine Hände wieder im rohen Fleischbrei. Er ist zwar Bratwurst-Purist, aber kein Dogmatiker: „Natürlich gehört die fränkische Bratwurst auf das offene Feuer, aber das hat ja nicht jeder." So müssen seine Bratwürste auch schmecken, wenn sie in der heimischen Pfanne bruzzeln. Das gilt übrigens nicht nur für den fränkischen Klassiker, sondern auch für die Chili,- Lamm-, Bärlauch-, Meerrettich- und Wildbratwürste, die Horst Blahm je nach Saison ebenfalls frisch zubereitet, Morgen für Morgen.

**FR
5:41**

6. März 2015
Bohlenplatz

Hans-Jürgen Pautzke putzt. Jeden Morgen liegen 14 bis 18 öffentliche Toiletten auf seiner Tour durch Erlangen. Der Gebäudereiniger, eigentlich gelernter Bauarbeiter mit Wurzeln in Sachsen und Thüringen, ist vor zwölf Jahren nach Erlangen gezogen, „weil es hier Arbeit gibt." Seit zwei Jahren arbeitet er für eine private Reinigungsfirma, die für die Stadt die Reinigung der öffentlichen WCs übernimmt. Pautzkes Tour beginnt um 4.30 Uhr und endet zwischen 9 und 12 Uhr: Unrat beseitigen, Toiletten und Waschbecken reinigen und desinfizieren, nass durchwischen, gegebenenfalls die Mängelliste ausfüllen: „Die Stadt will, dass die Toiletten morgens wieder schön sauber sind!" Die Toiletten werden vor allem nachts und ganz besonders in der Innenstadt an den klassischen „Disco-Abenden" nicht immer so benutzt und hinterlassen, wie es sein sollte. Hans-Jürgen Pautzke geht nicht ins Detail. Nur so viel: „Es ist manchmal schon arg. Aber was will man schon tun? Einer muss sauber machen, und das bin dann eben ich!"

**MI
5:28**

11. März 2015
Luitpoldstraße

Lisa Hofmann legt die Wurst vor. In einer guten halben Stunde werden die ersten Gäste des „Zeitwohnhauses" ihre Zimmer verlassen und sich zum Frühstück im hauseigenen Bistro einfinden. Bis dahin ist noch einiges zu tun: Saft pressen, Eier kochen, Speck braten, Brötchen und Hörnchen vorlegen. In ihrer Ausbildung zur Hotelfachfrau ist Lisa Hofmann weit in der Welt herumgekommen, hat in namhaften Häusern im In- und Ausland Station gemacht und ihr Fach von der Pike auf gelernt. Heute ist es eher umgekehrt: Die Welt kommt ins „Zeitwohnhaus" und Lisa Hofmann immer gerne mit ihr ins Gespräch: „Wir haben viele Langzeitgäste, das ist sehr abwechslungsreich. Wenn sie sich wie zu Hause fühlen, was will man mehr?"

MI 5:46 | **18. März 2015**
Kastanienweg, Baiersdorf

Roland Wunder rechnet. Zum Korrigieren steht der Lehrer am Erlanger Marie-Therese-Gymnasium gerne früh auf – wenn es im Haus und in der Nachbarschaft noch still ist, kein Telefon klingelt, niemand eine Frage hat. „Außerdem habe ich beobachtet, dass sich mit zunehmendem Alter mein Bio-Rhythmus umgestellt hat. Ich brauche nicht mehr so viel Schlaf wie früher, allerdings ermüde ich abends sehr schnell", sagt der Pädagoge, der vielen Erlangern auch als Handball-Urgestein der CSG Erlangen in guter Erinnerung ist. „Früher war es anders, da konnte man abends kein Ende finden und morgens kam man nicht aus dem Bett", lacht er. „Aber alles hat seine Zeit, und das ist auch gut so." Schon hat der Stift die nächste Chemie-Arbeit in helles Rot getaucht. Noch gute 45 Minuten bis die Familie aufsteht. Ein gutes Dutzend Arbeiten liegt noch auf dem Schreibtisch. „Da geht noch was!"

MO 5:40 | **23. März 2015**
Mühlgasse, Möhrendorf

Jürgen Pillipp nimmt schon die zweite Lieferung des Tages entgegen. In wenigen Minuten werden nach und nach die ersten Mitarbeiter auf dem noch stillen Betriebshof seiner Haustechnik-Firma eintreffen. Bei einer Tasse starken Kaffees wird dann mit den einzelnen Teams der Tagesablauf durchgesprochen, Material zugeteilt und in die Lieferwagen geladen. Dann geht es vor Ort zu den einzelnen Baustellen, rund ein gutes Dutzend davon sind an diesem Montagmorgen abzuarbeiten. Mittlerweile fahren die rund 40 Mitarbeiter von Kleinseebach aus Pillipp-Kunden im Umkreis von gut 50 Kilometern an. „Wir müssen früh loslegen, sonst wird es beim Kunden zu spät", sagt Jürgen Pillipp während über dem Dorf langsam die Morgendämmerung einsetzt und die Vögel die ersten Lieder singen.

SO 5:00 | **5. April 2015**
Herz-Jesu-Kirche, Katholischer Kirchenplatz

Pfarrer Matthias Wünsche erfreut sich am Osterfeuer im Kirchhof. Die Lichtfeier mit dem Entzünden der Osterkerze am Feuer, dem Einzug der Gläubigen in die Kirche und dem Verteilen des Lichtes unter den Gläubigen markiert den Auftakt der Feierlichkeiten der Osternacht, der „Nacht der Nächte" im Kirchenjahr. Es ist die Nacht des Wachens und Betens zum Gedenken an die Auferstehung Jesu Christi von den Toten und damit an den Übergang vom Tod ins Leben. Entsprechend umfangreich wird die Feier gestaltet. Im unmittelbaren Anschluss an die Lichtfeier folgen der Wortgottesdienst, eine Tauffeier, eine Eucharistiefeier und die Speisensegnung. Als die Gemeinde im Pfarrsaal zum gemeinsamen Osterfrühstück zusammenkommt, hat der Ostersonntag längst begonnen.

MO 5:51 | **6. April 2015**
Alterlanger See

Stefan Cejka präpariert seine Angelruten. Der Zweite Vorstand des Bezirksfischerei-Vereins Erlangens hat sich im Rahmen des Otto-Raffler-Gedächtnisfischens den Alterlanger See als Angelplatz ausgesucht und das nicht ohne Grund: „Hier habe ich als Jugendlicher das Fischen begonnen und dieser See ist in all den Jahren mein Lieblingsgewässer geblieben." Stefan Cejka angelt ohne Stress, „ich bin ein absoluter Entspannungsangler. Diese Stille am Morgen und der Sonnenaufgang über Erlangen, den man von hier so gut sehen kann. Das ist unbeschreiblich beruhigend." Als Köder nimmt er wie immer einfachen süßen Mais aus der Büchse. Weil der Fotograf so viel Lärm macht und so viele Fragen stellt, rechnet er auch nicht mit großen Fängen. Doch gerade als der Fotograf sich um kurz nach 6 Uhr verabschieden will, verschwindet erst der eine Schwimmer, dann der andere. Zwei schöne Spiegelkarpfen haben angebissen. Als nur wenige Minuten später auch noch ein weiterer Karpfen und eine Schleie an den Haken hängen, wird es Stefan Cejka fast ein bisschen viel: „So ein Stress. Das ist ja fast wie arbeiten", sagt er lachend und gibt den nächsten Fang in die Reuse. Für ein Abendessen reicht es schon.

MI 5:58 | **8. April 2015**
Pfeldern, Büchenbach

Christoph Oberle macht die Pfeldern fischig. So nennt man es, wenn der Teichwirt den Abflussmechanismus betätigt, damit in Kürze mit dem Abfischen begonnen werden kann. Nun rauschen aus dem Hechtweiher gut 50 Liter pro Sekunde in den nur wenige Meter entfernten Bimbach. Und wie immer beim Abfischen ist Christoph Oberle auch dieses Mal wieder ein bisschen bang ums Herz. Seitdem immer mehr Fischteiche von naturgeschützten Kormoranen regelrecht leer gefressen werden, gleicht jedes Abfischen einer Lotterie mit den Gewinnalternativen alles oder nichts. Allerdings ist der traditionsreiche Pfeldern-Teich, der gut 90 Minuten zum Leeren braucht, eher ein „risikoarmes" Gewässer. Besonders um die Hechte in diesem Weiher wäre es schade, „in diesem Jahr haben wir viel zu wenig, da geht es um jeden Einzelnen!" Schließlich sollen sie in anderen Gewässern für ein natürliches Gleichgewicht sorgen können. „Ich bin einer von den Guten", lacht Oberle: „Diese Fische leben meist woanders weiter!"

DO 5:55 | **16. April 2015**
Ludwig-Erhard-Straße

Stefan Müller läuft. Nicht umsonst bekam der heutige Bundestagsabgeordnete für die Stadt Erlangen und den Landkreis Erlangen-Höchstadt und Parlamentarische Staatssekretär bei der Bundesministerin für Bildung und Forschung bei seiner ersten Nominierung als Wahlkreiskandidat ein paar Laufschuhe von seinen Parteikollegen als Antrittsgeschenk. Auch nach bald 13 Jahren als MdB hält der Hobbyläufer seinem Sport die Treue. Vor allem in der Hauptstadt Berlin, wenn die Termine noch dichter gedrängt sind als im heimischen Wahlkreis, bleiben nur die morgendlichen, stillen Stunden zum ausgleichenden Sport. Auch in Erlangen beginnt der Tag schon vor Sonnenaufgang häufig mit einem gut einstündigen Lauf an der CSU-Geschäftsstelle im Röthelheimpark, der ihn durch den angrenzenden Forst und dann unter die Dusche führt, bevor es zum ersten Termin des Tages geht.

SO 5:30 | **19. April 2015**
Waldkrankenhaus St. Marien

Hedwig Metzdorf macht Frühstück. Allerdings hat sie bis auf den Kaffee an diesem Morgen noch nichts für sich selbst vorbereitet. In der Küche des Waldkrankenhauses St. Marien ist sie seit einer halben Stunde damit beschäftigt, alles an das Fließband zu stellen, was man für die Frühstücke der Patienten benötigt. Wurst, Brot, Käse, Butter, Joghurt, Saft, aber auch Teller, Tassen und Besteck müssen so positioniert werden, dass alles ganz schnell geht, wenn um 6.30 Uhr der Rest des Küchenteams mit der Arbeit beginnt. Dann werden in nur 45 Minuten rund 350 Frühstückstabletts bestückt und in die Küchenwagen gepackt, die auf die einzelnen Stationen gebracht werden. Seit 1993 arbeitet Hedwig Metzdorf in der Küche des Waldkrankenhauses. Es macht ihr noch immer Freude, für andere zu kochen – allerdings nur bei der Arbeit. Zu Hause kocht ihr Ehemann. „Ich habe ihn nicht dazu gezwungen, das hat sich einfach so ergeben", lacht Hedwig Metzdorf. „Aber ich genieße es."

DI 5:17 | **21. April 2015**
Kurt-Schumacher-Straße

Tobias Kleffel trainiert. In gut drei Wochen startet der Triathlet des TB Erlangen beim Rennsteiglauf in Thüringen, Europas größtem Crosslauf. Dort hat er sich für den Super-Marathon angemeldet, eine Laufstrecke über 73,7 Kilometer mit einer zu leistenden Höhendifferenz zwischen Start und Ziel von 2.439 Metern. Kleffel, der selbst aus Thüringen stammt und als Maschinenbau-Ingenieur über seiner Promotion an der FAU schwitzt, stemmt ein beachtliches Trainingspensum: Rund 100 Kilometer beträgt sein Trainingsumfang in der Woche alleine für das Laufen. Hinzu kommen Schwimmen und Radfahren. Trainiert wird zweimal am Tag, vor und nach der Arbeit. Natürlich will auch Kleffel als Athlet seine Zeiten ständig verbessern. Um Siege geht es ihm dabei nicht: „Ich erhole mich beim Sport. Wenn ich trainiere, schlafe ich besser, bin ausgeruhter und kann im Job mehr leisten."

MI 5:20 | **22. April 2015**
Krankenhausstraße

Jörg Quente macht sein Bett. Der Notarzt hat nicht ausgeschlafen in seinem kleinen Ruheraum in der Chirurgischen Ambulanz des Universitätsklinikums. Um kurz nach 5 Uhr ist er von seinem elften Notarzt-Einsatz in dieser Schicht zurückgekehrt. Die Erfahrung hat ihn gelehrt, dass er sich jetzt nicht mehr hinlegen wird, bis sein 24-Stunden-Dienst um 7.30 Uhr zu Ende ist. Der Papierkram wartet, die Dokumentation der nächtlichen Einsätze. Insgesamt hat er es auf drei Stunden Schlaf gebracht, und selbst dieser wurde von einem Einsatz unterbrochen. Jörg Quente beklagt sich nicht: „Schließlich habe ich mir diesen Beruf ausgesucht." Erst mit 34 begann er das Medizin-Studium. Die Notarzt-Einsätze haben für ihn bis heute nichts von ihrer Sinnhaftigkeit verloren. „Man versucht immer alles, auch wenn es nicht für jeden Patienten gut ausgeht. Wenn es dann nicht reicht, muss man es so annehmen."

FR 5:47 | **1. Mai 2015**
Hauptbahnhof

Rainer Windhorst wartet. Er hofft, dass sein Zug keine Verspätung hat. Die Gleisbette rund um Erlangen gleichen einer einzigen großen Baustelle und falls der Fotograf in Würzburg seinen Anschlusszug zum Frankfurter Flughafen verpassen sollte, könnte es teuer werden. Auf dem Spiel steht ein Flug nach Doha, Katar. Dort erwartet ihn ein Siemens-Manager, der die Hugenottenstadt für zwei Jahre gegen den Wüstenstaat getauscht hat. Rainer Windhorst verfolgt seit gut einem Jahr ein Fotoprojekt mit dem Titel „Erlangen 5 bis 6" und hat sich an das frühe Aufstehen gewöhnt. Jetzt heißt es Endspurt, zwei Monate liegen noch vor ihm und bis dahin gibt es noch einiges zu tun. Die Bahn ist heute gnädig. Der Zug steht um Punkt 6 Uhr zum Einsteigen bereit. So kann es weitergehen.

SO 5:40 | **3. Mai 2015**
Doha, Katar

Dr. Thomas Grögler muss sich beeilen. Pünktlich um 8 Uhr startet am Hamad-Airport von Doha sein Flieger nach Abu Dhabi und der Verkehr ist auch zu dieser frühen Stunde mehr als unberechenbar. „Katar ist ein Land, das sich in nur zwei Jahrzehnten in die Moderne katapultiert hat. Nur hier und da fehlt es noch am ‚detail engineering'." Der Siemens-Manager nimmt den täglichen Super-Stau gelassen. Für den Erlanger Weltkonzern Siemens wechselte er als „Head of Innovation Center Qatar" vor acht Monaten in die Golfregion und soll zwei Jahre lang dafür sorgen, dass deutscher Erfinder- und Ingenieursgeist die arabische Welt effektiver macht. Trotz aller Annehmlichkeiten in diesem (rohstoff-)reichen Land ein mitunter harter Job, der auch seine Familie betrifft. Das Haus in Erlangen steht momentan leer, die Gröglers leben in einer gemeinsam mit anderen Expatriierten bewohnten, von einem Sicherheitsdienst bewachten und „Compound" genannten Siedlung am Stadtrand. Die Kinder besuchen eine deutsche Schule. Nach einer kurzen Eingewöhnungsphase macht das Leben unter der Wüstensonne allen Spaß. „Es könnte schlechter sein", sagt Dr. Thomas Grögler und startet den Wagen. Ein neuer Tag, ein neues Abenteuer beginnt.

MI 5:27 | **6. Mai 2015**
Stintzingstraße

Jan Heller telefoniert. Der Polizeihauptmeister versucht zu morgendlicher Stunde den Staatsanwalt zu erreichen. Bei einer nächtlichen Verkehrskontrolle ist ihm ein junger PKW-Fahrer mit deutlichen Anzeichen für Drogenkonsum aufgefallen. Obwohl der junge Niederländer diesen Vorwurf erst bestritt, brachte ein freiwilliger Urin-Test schnell Gewissheit. Die Durchsuchung des Fahrzeugs mit einem ausgebildeten Rauschgiftspürhund förderte zudem Drogen in einer strafrelevanten Menge zu Tage. Nun sitzen der Fahrer und seine Freundin niedergeschlagen vor Jan Heller. „Drogenkonsum am Steuer ist kein Kavaliersdelikt. Es hätte weit Schlimmeres passieren können. Manchmal muss man Menschen vor sich selbst schützen. Es geht ja vor allem darum, dass er das nicht noch einmal tut", erklärt Heller und hofft, dass die beiden ihre Lektion gelernt haben. Für den Moment sieht es so aus.

DO
5:46
7. Mai 2015
Röthelheimpark

Elisabeth Preuß ist unterwegs. Die Erlanger Bürgermeisterin hat heute wieder einen derart vollen Terminplan, dass wieder einmal nur die frühe Stunde für den Sport zur Verfügung steht. Es wird wohl auch die einzige Stunde des Tages ohne E-mail, Handyklingeln und sonstigen Informationsfluss bleiben. „Ich genieße diese frühe Uhrzeit. Die Gedanken fliegen einem nur so zu", sagt Erlangens dienstälteste Bürgermeisterin. Und außerdem nimmt sie wahr, wenn etwas nicht passt – etwa wenn in der Nacht wieder einmal Glasflaschen auf Fahrradwegen zerschlagen wurden, Mülleimer überquellen oder Beleuchtungen nicht funktionieren. „Das ist dann meistens nur ein kurzer Anruf", lacht sie und läuft schnell weiter. Der erste Termin des Tages sitzt ihr bereits im Nacken.

SA
5:39
8. Mai 2015
Dompfaffstraße

Rüdiger Endlich ist guter Laune. Heute ist der Tag des Abiturs in Mathematik, und der Lehrer am Albert-Schweitzer-Gymnasium hat sich mit seinen Kollegen aus den anderen Oberstufen-Kursen getroffen, um aus vier Aufgaben zwei für seine Schüler auszuwählen – das geht nur über das eigene Rechnen. Gut zwei Stunden Zeit stehen dafür zur Verfügung, die Stimmung ist gut, es gibt Kaffee und Kuchen. Unangenehme Überraschungen bei den zentral gestellten Aufgaben hat es auch heute nicht gegeben, Rüdiger Endlich ist zufrieden – wie auch im Allgemeinen mit seiner Berufswahl. „Es ist schön zu sehen, dass man das gute Verhältnis zu den Schülern auch über die Schulzeit hinaus halten kann. Gerade in einer Stadt wie Erlangen läuft man sich immer wieder über den Weg", freut sich Rüdiger Endlich. Und so mancher Schüler kehrt als Lehrer Jahre später an die eigene Schule zurück.

DI
5:53
12. Mai 2015
Hartmannstraße

Roland Böller gibt letzte Anweisungen. Um Punkt 6 Uhr beginnen seine Schützlinge von der Schwimmsportvereinigung (SSV) Erlangen-Nürnberg mit dem Einschwimmen. Die frühe Trainingseinheit endet um 7.30 Uhr, dann geht es für die meisten in die Schule. Zweimal in der Woche bietet Roland Böller, der auch auf nationaler Ebene zu den herausragenden Schwimmtrainern gehört, diesen frühen Termin an. Roland Böllers Name ist ganz eng mit dem Erlanger Schwimmsport verbunden. Seit Jahrzehnten schwimmen Erlanger Schwimmerinnen und Schwimmer mit seiner Hilfe bis an die internationale Spitze. Schwimmen ist für ihn ein Spiel geblieben: „Es ist einfach schön, sich in dem Element Wasser fortzubewegen", sagt er mit strahlenden Augen. Sein Sport hat für ihn auch nach Jahrzehnten nichts von seiner Faszination verloren.

SA
5:57
16. Mai 2015
Anonym

Herbert Altvater (Name geändert) telefoniert. Er arbeitet seit sieben Jahren bei der Telefonseelsorge und ist einer von 85 Ehrenamtlichen, die jeden Tag im Jahr vier Schichten rund um die Uhr den Telefondienst leisten. Herbert Altvater sitzt seit 2 Uhr morgens vor dem Apparat und hat bisher drei längere Telefongespräche geführt. Es ist Stillschweigen geboten über Personen und Inhalte der Telefonate, aber soviel kann er sagen: Nicht jeder Anrufende ist verzweifelt. „Vielfach ist er in für ihn schwierigen Situationen gefangen und findet gerade keinen anderen Ansprechpartner als uns. Es gibt aber auch Menschen, die wollen ein schönes Erlebnis teilen oder sich dafür bedanken, dass ihnen jemand zuhört", sagt Herbert Altvater. Drei- bis viermal im Monat sitzt er am Telefon und hört zu, was die Anrufer von sich erzählen. Er will ihnen Mut machen, indem er bestärkt, würdigt, begleitet. Das Ziel ist, gemeinsam andere Perspektiven zu finden. Und eines hat er in den unzähligen Telefonaten gelernt: „Einsamkeit hat nicht unbedingt etwas mit Alleinsein zu tun. Es gibt sehr viele Menschen, die von anderen umgeben sind und trotz allem niemanden zum Reden haben!"

SO 5:35 | 17. Mai 2015
Am Hafen

Ralph Bachmann startet durch. Zusammen mit seinen Kollegen Sören Brandmähl-Kraus, Steffi Burkard und Markus Haberl macht sich der Stellvertretende Vorsitzende des DLRG-Ortsverbands Erlangen auf den Rückweg von einer Taucheinsatz-Übung am Europa-Kanal. Zur frühmorgendlichen Stunde ruht noch der Schiffsverkehr, der Taucher an der Leine ist sicherer und das Wasser noch klar. Rund einmal im Monat werden verschiedene Gefahrenszenarien eingeübt und die Ausrüstung getestet. Die meisten DLRG-Mitglieder kommen über den Schwimmsport und die Rettungsschwimmer-Ausbildung zur „Deutschen Lebensrettungs-Gesellschaft", sind also von Haus aus sehr gute Schwimmer mit einer großen Faszination für das Wasser. Rund 230 Mitglieder zählt der Ortsverband im Moment. Die Rettungseinsätze führen Ralph Bachmann, Sören Brandmähl-Kraus, Steffi Burkard und Markus Haberl mehr oder weniger regelmäßig in alle Fließgewässer in Stadt und Landkreis – und das ehrenamtlich. „Neben meinem eigentlichen Beruf stecke ich pro Woche noch einmal gut 40 Stunden in das Ehrenamt", sagt Ralph Bachmann, fühlt sich durch die Freude am Wasser aber mehr als entschädigt.

FR 5:00 | 22. Mai 2015
An den Kellern

Cord Koch füllt nach. Es ist der Morgen nach dem ersten Abend der Bergkirchweih 2015 und das Erlanger Traditionsfest war wie immer gut besucht. Cord Koch hat sein Handwerk in der Steinbach-Brauerei erlernt und ist nun der erste Mann auf dem Keller. Um 2 Uhr nachts ist er aufgestanden und nutzt nun die Zeit. Er ist allein im Bierkeller. Es ist so eng, „dass sich zwei Mann ohnehin nur auf den Füßen stehen würden", sagt er lachend. Der Bergdienst ist keine Routine, jedes Jahr braucht er die ersten drei Tage, um sich zurechtzufinden, „um zu wissen, wie man die ganzen Schritte am besten organisiert. Wenn die Routine da ist, dann macht die Arbeit riesig Freude!" Spricht's, dreht sich um und verschwindet wieder im Keller, auf der Suche nach der Routine.

SA 5:55 | 23. Mai 2015
Wiesenweg

Heinrich Bernard hat nicht mehr viel Zeit. Der Schäfer muss seine rund 700 Schafe sicher vom Wiesengrund auf den Exerzierplatz bringen. Diesen Weg geht er heute zum 20. Mal und weiß, dass er für gut fünf Kilometer nicht mehr als 40 Minuten brauchen wird. Er weiß nicht, wie oft er diesen Weg noch gehen wird – in Erlangen werden die Weideflächen für seine Tiere immer kleiner. Alleine seine Herbstweide zwischen Büchenbach und Kosbach ist in den letzten Jahren um gut die Hälfte geschrumpft. Da, wo es einst saftige Wiesen zu grasen gab, steht nun ein schmuckes Neubaugebiet. „Die Schäferei hat in Erlangen keine Zukunft mehr, wenn mein Sohn weitermachen will, dann nur in Oberfranken", sagt Schäfer Bernard. Mit Bernards Schäferei würde eine jahrhundertealte Erlanger Tradition zu Ende gehen. Bis ins Jahr 1107 reicht die belegte Familiengeschichte des Schäfers zurück. Seit 1938 ist Erlangen die Heimat der eigentlich aus Elsaß-Lothringen stammenden Familie Bernard.

SO 5:08 | 24. Mai 2015
An den Kellern

Georg Lunz hat zusammengekehrt. Seit 1 Uhr nachts hat er mit zwei Kollegen den Erich-Keller sauber gemacht. Inzwischen haben die beiden zehn Mülltonnen voll bekommen mit allem, was die Gäste auf Erlangens großem Traditionsbierkeller so hinterlassen haben: Neben kaputten Bierkrügen, Servietten, Brezel- und anderen Speiseresten „so ziemlich alles, was man sich vorstellen kann – Smartphones, Jacken, Brillen, heute waren sogar zwei Schuhe dabei, aber nicht die gleichen...", lacht Georg Lunz. Im normalen Leben arbeitet Lunz zwar für die gleiche Firma, allerdings als Gärtner. Es ist seine fünfte Bergkirchweih als Nachtschicht. Auch wenn das frühe Aufstehen hart ist: „Es macht Spaß. Die Gäste, die noch da sind, wenn wir kommen, sind friedlich. Und wir sind ein lustiges Team!"

DI 5:19 | **2. Juni 2015**
An den Kellern

Frank Hengstmann demontiert ein Kinderkarussell. Seit über 15 Jahren ist er als Schausteller für seinen Chef Werner Rudolph in ganz Deutschland unterwegs. Er liebt die Erlanger Stationen wie den Weihnachtsmarkt und die Bergkirchweih. Generationen von Erlangern haben hinter den Steuerrädern des Miniatur-Auto-Korso gesessen – an jedem Platz ein eigenes Lenkrad. „So gibt es keinen Streit um die Plätze und jedes Kind ist Fahrer", sagt er. Mit 42 Jahren ist das Karussell zwar schon sehr betagt, aber auch das letzte seiner Art, „ein Klassiker". So muss es noch ein paar Jahrzehnte durchhalten auf seiner immer wiederkehrenden Reise durch das Land. Erst vor etwas mehr als sechs Stunden ist die Bergkirchweih zu Ende gegangen. Es dauert noch eine gute Stunde, bis das Karussell komplett in den Lastern verstaut ist. Der Aufbau hat deutlich länger gedauert: Eine gute Woche brauchte das Team um Frank Hengstmann, bis der Auto-Korso einsatzbereit war. Nur in der Formel Eins geht es schneller.

FR 5:51 | **5. Juni 2015**
Günther-Scharowsky-Straße

Gerd Keitel macht Platz. Der Lagerplatzverwalter der MAUSS BAU Erlangen ist morgens der erste und abends der letzte auf dem Firmengelände. Momentan ist er besonders gefordert, weil auf dem Gelände selbst auch noch gebaut wird. Bis August sollen die Arbeiten an dem modernen, viergeschossigen Büroneubau abgeschlossen sein. Gerd Keitel ist seit 35 Jahren im Betrieb und seit 20 Jahren Chef des großen Lagerplatzareals, das sich hinter dem alten Bürogebäude ungeahnt weit erstreckt. „Nach so vielen Jahren weiß ich, was wo seinen Platz hat", sagt er. „Wahrscheinlich sehe ich Dinge, die außer mir keiner wahrnimmt!" Als Betriebsratsvorsitzender könnte er sich ohne größeren Aufwand von der Arbeit an der Front freistellen lassen. Für Keitel ist das keine Option: „Wer rastet, der rostet. An die Rente verschwende ich keinen Gedanken!"

SA 5:43 | **6. Juni 2015**
Burgstall, Herzogenaurach

Uwe Hablowetz baut ein kleines Haus – keins aus Stein oder Holz, sondern aus Luft. Der Hausmeister der VR-Bank Erlangen-Höchstadt-Herzogenaurach ist von Erlangen zum Golfplatz in Herzogenaurach aufgebrochen, wo sich „seine" VR-Bank als Sponsor des Einladungsturniers „VR-Bank-Benefizturnier 2015" präsentiert. Das kleine Zelt wird nicht von Stangen getragen. Einfache Luft wird in die großen Kammern geblasen und sorgt für stabilen Stand. Da die VR-Bank eine ganze Reihe verschiedener Aktivitäten in ihrem Einzugsgebiet unterstützt, kommt es regelmäßig vor, dass sich Uwe Hablowetz mit seinem Luftzelt auf den Weg macht. „Man muss zwar früh aufstehen, aber es ist immer eine schöne Abwechslung." Der nächste Termin steht für das Luftzelt auch schon fest: der Triathlon in Höchstadt im September.

DI 5:40 | **9. Juni 2015**
Oberndorf

Hans Rudolph packt ab. Ein Bubenreuther Metzgerei-Meisterbetrieb hat zehn Mal 500 Gramm fränkischen Spargel geordert, für Hans Rudolph eher eine kleinere Nummer. „Den meisten Spargel verkaufen wir über unsere Morgentau-Stände", erklärt Hans Rudolph, der 2015 ein sehr bescheidenes Spargel-Jahr erlebt. Im Vergleich zum Vorjahr fällt die Ernte in diesem Jahr insgesamt rund zwei Drittel schwächer aus. „Der letzte Herbst war zu nass, im Frühjahr war es erst zu kalt und dann zu trocken. Jetzt kommen die Wärme und der Regen, aber die Spargelzeit ist so gut wie vorbei." Eher die Quantität, nicht die Qualität des Spargels hat dabei gelitten. Schließlich nimmt der fränkische Spargel für sich in Anspruch der Beste zu sein. Gleiches hört man aus Beelitz bei Berlin, aus Walbeck am Niederrhein und sogar den Niederlanden. „Wie heißt es so schön", grinst Rudolph: „Jeder Krämer lobt sein eigenes Geschäft. Verstecken muss sich der fränkische Spargel vor niemandem!"

MI 5:46 | **10. Juni 2015**
Gut Eggenhof, Uttenreuth

Astrid Starick begrüßt ihre Stallburschen. Der Tag hat wie immer früh angefangen auf Gut Eggenhof. Vor den Toren der Hugenottenstadt gelegen, ist es die Heimstadt sowohl des „Reit- und Fahrvereins Gut Eggenhof Erlangen" als auch des „Voltigiervereins Gut Eggenhof Erlangen". Astrid Starick ist seit 20 Jahren Pächterin des Guts, das einst ein Schweine- und Rinderhof gewesen ist. Mit zehn Außenboxen, sieben Paddockboxen, 18 Innenboxen, Koppeln, dem Longierzirkel, der Reithalle, dem Allwetterplatz mit Flutlicht, einem Sandplatz, Waschplatz und sogar einem eigenen Pferde-Solarium ist es immer noch ein mehr als stattliches Anwesen. Der Tag ist eng durchgetaktet. Die gut 40 Pferde müssen gefüttert, gemistet, auf die Koppeln geführt, bewegt, wieder gemistet und gefüttert werden. Dabei muss jedes Pferd individuell anders behandelt werden – das reicht von der Medikamentierung über bestimmte Futterdiäten bis hin zu Allergien der Tiere. Das alles erfordert perfekte Organisation und viel Disziplin. Astrid Starick aber lacht und sagt: „Es macht einfach Spaß!"

DI 5:55 | **16. Juni 2015**
Äußere Brucker Straße

Christian Masloff reinigt Schläuche. Im Keller der Ständigen Wache der Stadtfeuerwehr Erlangen geht es mitunter auch am frühen Morgen schon betriebsam zu. In der Nacht hatte es zwei kleinere Einsätze gegeben, der Löschzug ist gegen 5 Uhr wieder auf die Wache zurückgekehrt. Masloffs Dienst endet nach 24 Stunden um 7.30 Uhr und „da macht es einfach keinen Sinn, nochmal zu schlafen." Als Schlauchwart nutzt er also die Zeit und wirft die einer Kegelbahn nicht unähnliche Reinigungsmaschine unter dem Schlauchturm, einem der Wahrzeichen der Hugenottenstadt, an. Seit 22 Jahren ist er Feuerwehrmann, die letzten 13 davon hauptberuflich: „Es war immer mein Traumberuf, schon als Kind wollte ich nicht Cowboy oder Pilot werden. Feuerwehrmann, das war es!" Und das ist es noch immer - auch wenn ein Feuerwehrmann unschöne Sachen zu sehen bekommt. „Wir sind hier ein tolles Team, keiner ist alleine und wenn es schwer wird, ist hier jeder für den anderen da! So fangen wir uns gegenseitig auf!"

MI 5:55 | **17. Juni 2015**
Lorlebergplatz

Mahin Bayer bestückt die Auslage. Seit bald sieben Jahren arbeitet die gelernte Hotelfachfrau als Quereinsteigerin in der kleinen Bäckerei „Lorlebäck". Bereut hat sie es bis heute nicht. Die Arbeit macht ihr Spaß: „Wir haben viele Stammkunden hier aus dem Viertel: Studenten, Schüler, Lehrer, Ärzte, Krankenschwestern, Pfleger. Man kennt sich, und es wird nie langweilig." Sie fängt um 5.30 Uhr an und hat zwei Stunden Zeit, die Bäckerei, den kleinen Ableger des „Café Lorleberg" nebenan, so vorzubereiten, dass für die Kunden alles bereit ist: Brötchen, Brot, Hörnchen, Muffins, süße und herzhafte Teilchen. Würde sie wieder ins Bäckerfach wechseln? - „Jederzeit!", sagt sie sofort.

MO 5:51 | **22. Juni 2015**
Kurt-Schumacher-Straße

Frank Remek sperrt ab. Der Verkehrsmeister ist gerade dabei, eine der Erlanger Hauptverkehrsadern einspurig in Richtung Stadtmitte für den einfahrenden Verkehr abzuriegeln – Bauarbeiten stehen an. Für viele Auswärtige bedeutet dies unter Umständen längere Anfahrtszeiten zum Arbeitsplatz. Mitleid käme da nicht auf, sagt Frank Remek. „Verständnis dagegen schon, jeder möchte schließlich schnell zur Arbeit kommen." Remek und sein Kollege haben bereits vor zwei Tagen damit begonnen, die Sperrung vorzubereiten, Material, Schilder und Warnbarken auszulegen. 90 Minuten haben die beiden jetzt Zeit. Zwischen 6 und 7 Uhr wird die Absperrung komplett. Frank Remek ist konzentriert. Er hat einen gefährlichen Arbeitsplatz. Ein Auto, das im Vorbeifahren ein Bein berührt, ein Spiegel, der am Arm hängen bleibt – für Remek kein Grund, den Spaß am Arbeiten zu verlieren: „Auf der Autobahn ist es schlimm, aber hier, in der Stadt? Schönes Wetter, langsame Autos, frische Luft. Was will man mehr?"

MI 5:49 | **24. Juni 2015**
Nürnberger Straße

Daniela Unholzer fährt hoch. Sie ist wie an jedem Morgen die erste in der Hauptstelle der VR-Bank Erlangen-Höchstadt-Herzogenaurach. Als Frühaufsteherin genießt sie die Ruhe in den ersten Arbeitsstunden, wenn kein Telefon klingelt und das Gebäude noch vollkommen ruhig ist. „In dieser Zeit kriegt man wirklich was geschafft", sagt sie und freut sich über die modernen und flexiblen Arbeitszeiten, die man ihr als Mutter von zwei kleinen Kindern bei der VR-Bank in der Abteilung „Interne Revision" zugesteht. „Im Service oder in der Kundenberatung wären derart frühe Termine nicht möglich", lacht sie und setzt sich an ihren Schreibtisch in der zweiten Etage. Es ist 6.00 Uhr, draußen scheint die Morgensonne, Daniela Unholzers Arbeitstag beginnt.

SA 5:53 | **27. Juni 2015**
Sankt Johann

Hermann Geiger steigt ab. Noch eine Runde, dann ist es geschafft. Seit 5 Uhr morgens hat der leidenschaftliche Treppenläufer im Treppenhaus des „Langen Johann" trainiert. Die 28 Stockwerke inklusive Kellergeschoss und technischer Versorgungsetage schafft er in weniger als acht Minuten – rauf und runter. Seit acht Jahren hat sich der Ausdauersportler dem Treppensteigen verschrieben: „Zwei Millionen Stufen dürften es bislang wohl gewesen sein", erzählt der 55-jährige. Alleine der Lange Johann hat 461 Stufen einfach – 922, wenn man den Weg nach unten mitzählt. Warum ausgerechnet Treppenlaufen? „Ich liebe die Einsamkeit. Marathonläufe und das alles habe ich schon mitgemacht, aber irgendwie geht mir der ganze Trubel auf den Geist. Im Treppenhaus bin ich alleine, das hat etwas ganz Spirituelles für mich!", begründet er seine Begeisterung. Licht schaltet er meistens nicht an im Treppenhaus – nur ganz oben und ganz unten spendet die Notbeleuchtung hartes Neonlicht. Sein persönliches Lauf-Highlight ist die Spitzhaustreppe in Radebeul bei Dresden. Hier bezwingt man innerhalb von 24 Stunden 8.848 Höhenmeter, genau die Höhe des Mount Everest. Man möchte Hermann Geiger zurufen: „Only the sky is the limit!"

SO 5:45 | **28. Juni 2015**
Hartmannstraße

Nina und Thomas Haas genießen den Morgen. Mit ihren Hunden Finn und Kaluah bestaunen sie in aller Frühe den Sonnenaufgang über dem schönen Naturschutzgebiet. „Die ruhige und friedvolle Stimmung ist mit nichts zu vergleichen", sagt Nina Haas. Auf dem ehemaligen Exerzierplatz der US-Garnison, dem heutigen Röthelheimpark, wachsen Pflanzen und leben Tiere, die es woanders kaum mehr gibt. So müssen Finn und Kaluah auch die meiste Zeit an der Leine laufen – die bodenbrütenden Vögel dürfen nicht aufgeschreckt werden. Dem Gezwitscher nach beobachten mehrere hundert Vögel aus den Bäumen und Sträuchern die Szenerie. Auch wenn es schön ist, Thomas Haas freut sich schon auf das Sonntagsfrühstück mit einer Tasse Kaffee. „Die kommt mir gleich gerade recht!"

MO 5:07 | **29. Juni 2015**
Ebrardstraße

Beate Böhmer gießt. Die Chefin der Gärtnerei „Blumen Böhmer" führt den idyllischen Familienbetrieb bereits in der dritten Generation, und dazu gehört seit jeher, dass der Tag früh beginnt. Genauso der Besuch auf den Großmärkten in Nürnberg und Altdorf, das Gießen der eigenen Zucht und das Binden der sogenannten Abo-Sträuße für Arztpraxen, Kanzleien und andere Geschäftskunden an den Montagen. Beate Böhmer genießt die Ruhe am Morgen. „Ganz klar: Im Sommer macht es mehr Spaß!", lacht sie. Mit der Berufswahl und der daraus folgenden Übernahme des Familienbetriebs hat sie eine bewusste Entscheidung getroffen. Gedrängt wurde sie nicht. „Ich war Arzthelferin. Ich weiß, dass man in anderen Berufen auch hart arbeiten muss. Ich dachte, wenn es nicht ohne harte Arbeit geht, warum mache ich dann nicht das, was mir im Blut liegt?" Heute profitiert sie von diesem kleinen Umweg zum Traumberuf: „Wenn es Durststrecken gibt, sage ich mir: ‚Jammere nicht, du hast es ja selbst so gewollt!'"

SEITE 100 – 103

MO 5:29 | **06. Juli 2015**
Unter der Neuen Straße

Sascha Hillmann passt auf. Der Sicherheitsmann durchschreitet die Katakomben, welche die innerstädtischen Uni-Klinken miteinander verbinden. Seit zweieinhalb Jahren stellt er sicher, dass alle Türen verschlossen sind, die verschlossen sein sollen. Außerdem ist er Teil der Aufzugsbereitschaft und eilt herbei, sollte jemand einmal steckenbleiben. Noch ist es sehr still, nur ab und an pfeift eine Rohrpost vorbei. „Ich genieße die Ruhe und dass man mich hier nicht antreibt. Ich bestimme mein Tempo hier unten selbst", sagt Hillmann. Sein Nachtdienst dauert von 18 Uhr bis 6 Uhr, zweimal macht er dabei seinen Rundgang – 16 Kilometer pro Nacht. In aller Regel kommt er auf 15 bis 16 Dienste pro Monat. Wenn jemand ausfällt, können es auch 20 werden. Das kann schlauchen. Deshalb absolviert er nebenher eine Fortbildung zur „Fachkraft für Schutz und Sicherheit", die es ihm bald ermöglicht, auch tagsüber eingesetzt zu werden. Er freut sich darauf.

MI 5:42 | **8. Juli 2015**
Dechsendorfer Straße

Georg Süß hat alle Hände voll zu tun. Der gelernte Vieh- und Fleischkaufmann besetzt bei dem Erlanger Rindfleisch-Spezialisten „Unifleisch" eine zentrale Position. Seit 5 Uhr morgens läuft der Versand der Schlachtkörperhälften zu den Kunden. Weil jeder Kunde für seine eigene Produktion jeweils andere Qualitäts- und somit Preisansprüche stellt, muss Georg Süß die Ware prüfen und entscheiden, welches Fleisch zu welchem Kunden kommt. Viel Zeit hat er nicht für diese Entscheidungen. Bis zu 70.000 Schlachttiere werden jedes Jahr in dem Erlanger Traditionsbetrieb verarbeitet, das sind im Schnitt über 250 Tiere bzw. über 500 Schlachtkörperhälften pro Schlachttag. Um 3.30 Uhr beginnt Georg Süß seinen Arbeitstag. „Ironie des Schicksals", wie Georg Süß lächelnd anmerkt. Er hätte die elterliche Bäckerei übernehmen können, lehnte dies aber ab, „weil ich nicht so früh aufstehen wollte."

DO 5:44 | **9. Juli 2015**
Ulmenweg

Elena Halpap bereitet einen Computer-Tomographen für eine Abdomen-Untersuchung vor. Im Internistischen Zentrum der Erlanger Uni-Klinik können solche Untersuchungen im Notfall auch nachts durchgeführt werden. Die medizinisch-technische Radiologieassistentin (MTRA) ist gerade vom Wachraum der Intensivstation zurückgekehrt, wo sie seit 4.30 Uhr zehn Patienten mit einem mobilen Röntgengerät routinemäßig untersucht hat. Nun kommt ein Notfall von der Nephrologie. Elena Halpap muss in dieser Nacht mit wenig Schlaf auskommen: „Ich lege mich auch hin, wenn ich weiß, dass mir nur 30 Minuten bleiben", sagt sie, klagt aber nicht. „Ich bin sehr technikbegeistert und arbeite gerne mit Menschen. Wo kann man Strahlenphysik sinnvoller nutzen als hier?", strahlt sie.

FR 5:50 | **10. Juli 2015**
Krankenhausstraße

Christine E. Günther betet. Die evangelische Pfarrerin hat sich in den Raum der Stille auf der Palliativstation des Erlanger Uni-Klinikums zurückgezogen. Der Kerze zugewandt sucht sie Trost im Gebet und gedenkt den in der Woche verstorbenen Patienten. Die evangelische Klinikseelsorgerin kann zu jeder Tages- und Nachtzeit an das Sterbebett von Patienten im Klinikum gerufen werden. Im Beisein von Angehörigen oder alleine begleitet sie kranke Menschen beim Sterben und nimmt nach dem Tode die Aussegnung vor. „Es ist wichtig, dass sterbende Menschen die Gelegenheit bekommen, bislang ungelöste Konflikte mit den Angehörigen zu klären. Auch Angehörige gehen so gestärkt durch ihre Trauer. Verzeihen ist wichtig", sagt Christine E. Günther, die sich durch die Auseinandersetzung mit dem Tod bereichert fühlt: „Ich weiß nun besser zu schätzen, welches Geschenk das Leben ist, und dass es ohne Tod kein Leben geben kann."